들어가는 말

"

지갑 속 남은 지폐보다 스마트폰 남은 배터리가 더 중요한 시대

싱가포르 건국의 아버지라고 불리는 리콴유李光耀 전 싱가포르 총리는 생전에 "지금은 지갑 속 남은 지폐보다 스마트폰의 남은 배터리를 걱정해야하는 시대"라며 우리 삶과 스마트기기의 결코 떼어낼 수 없는 관계를 역설하였습니다.

또한 지금 우리 손 안에 든 주먹 크기의 스마트폰은 1969년 아폴로11호의 달 착륙을 가능하게 한 우주선의 컴퓨터와 케이프 커내버럴 우주군기지 내의 컴퓨터를 모두 합친 것보다 높은 기능과 큰 용량을 갖고 있고요.

스마트폰으로 웹서핑만 하기에는, 웹툰만 보기에는, 게임만 하기에는 조금은 미안한 세대와 아까운 시대가 되었습니다.

"

프로그래밍을 한번 해보세요

버락 오바마 제44대 미국 대통령은 "비디오 게임을 사지만 말고 직접 만들어보세요. 휴대폰을 갖고 놀지만 말고 프로그램을 만들어보세요. 코딩을 배우는 것이 여러분의 미래는 물론 조국의 미래에도 매우 중요합니다"면서 코딩교육과 프로그래밍의 중요성을 강조하였습니다.

생각보다 쉽습니다, 코딩이. 생각보다 좋습니다, 결과가.

지금부터 저와 함께 앱인벤터2 툴을 활용하여 안드로이드 스마트앱을 만들어보겠습니다.
이 책을 여행 가이드북처럼 활용했으면 합니다. 처음부터 여행의 시작을 함께 하셔도 좋고, 중간중간 가고 싶은 곳부터 펼쳐도 좋습니다. 다 읽으신 후에도, '이거 어떻게 하더라?'하면서 종종 꺼내보고 활용하시면 좋겠습니다.

내일 해야지, 다음달 1일부터 해야지, 하지 말고 지금 해보세요.
TURN ON NOW!

사랑하는 나의 가족에게

목차

처음 화면 URL https://appinventor.mit.edu/

① 왼쪽 위에  클릭

② 로그인/계정 만들기

G Google 계정으로 로그인

로그인

App Inventor Authentication(으)로 이동

이메일 또는 휴대전화

이메일을 잊으셨나요?

계정 만들기   다음

③ 로그인 후 화면 : 앱인벤터가 환영해주네요!

- Continue 클릭

④ 3개의 튜토리얼이 제공됩니다.
  - HELLO PURR : 고양이 버튼을 누르면 "야옹" 소리나는 앱
  - TALK TO ME : 글로 쓰면 읽어주는 앱
  - TRANSLATE APP : 영어를 타국어로 번역해주는 앱

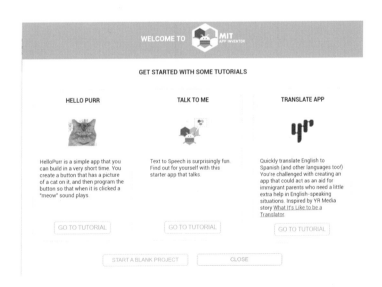

- START A BLANK PROJECT 클릭

⑤ 새로운 프로젝트 이름 정하기

- 프로젝트 이름 정할 때 규칙
  - 영문자로 시작하기
  - 특수문자, 한글 금지 : 영문자 대.소문자, 숫자, 언더바‘_’만 가능

목차와 동일한 이름으로 하면 헷갈리지 않습니다

⑥ 준비 끝!

인터페이스 설명은 생략합니다.
모바일 기기와의 연결 설명은 생략합니다.
안드로이드 앱 혹은 앱번들로의 빌드 설명은 생략합니다.

프로젝트에 사용한 이미지와 음원은 여기에서 다운받을 수 있습니다.
https://bit.ly/100apps_all

PROJECT

왜 만드나
(개발의도)

나만의 갤러리를 만들 수 있습니다. 한번의 터치를 통해 좋아하는 연예인의 사진을 보거나, 영어시험을 앞두고 중요 문법을 정리한 이미지를 볼 수도 있죠.

뭘 써서 만드나
(사용 컴포넌트-팔레트)

User Interface - Image

뭐가 필요한가
(준비물)

갤러리로 활용할 사진(이미지) 파일(5MB 이하)

※ 파일명 : 영문자(대.소문자), 숫자, -, _, ., !, ~, *, ', "만 가능

어떻게 만드니
(코딩 시작)

① │Designer│ Palette - User Interface - Image 컴포넌트를 Viewer로 가져오기*

*드래그-드롭

a. Viewer : Image 미리보기 생성
b. Component : Screen1 하위 Image1 생성
   ※ Component 이름 바꾸기(Rename) 가능 : 영문자 대.소문자, 숫자, 언더바'_'만 가능. 단,
   영문자로 시작하기

Screen1

Properties

Screen1

AboutScreen

스크린1에 대한 설명을 적을 수 있습니다.
실행된 앱에서는 보이지 않습니다.

AlignHorizontal

Left : 1 ▾

AlignVertical

Top : 1 ▾

스크린1에 들어있는 컴포넌트의 정렬을 설정할 수 있습니다.
 -Horizontal : 왼쪽.가운데.오른쪽
 -Vertical : 위쪽,가운데,아랫쪽

AppName

gallery

앱 이름을 설정할 수 있습니다. 프로젝트 이름이 디폴트값입니다.

BackgroundColor

☐ Default

BackgroundImage

None...

스크린1의 바탕색과 바탕이미지를 설정할 수 있습니다.

Icon

None...

앱 아이콘을 설정할 수 있습니다.
미설정시 기본 아이콘이 생성됩니다.

ShowStatusBar

☐

상태바(스크린상단:시계,배터리 등) 표시 여부를 설정할 수 있습니다.

Title

나만의갤러리

스크린1의 제목을 설정할 수 있습니다.

TitleVisible

✔

타이틀의 표시 여부를 설정할 수 있습니다.

VersionCode

1

개발버전 코드와 이름을 설정할 수 있습니다.
실행된 앱에서는 보이지 않습니다.

VersionName

1.0

gallery

AlternateText

토끼이미지입니다

이미지에 대한 설명입니다.
실행된 앱에서는 보이지 않습니다.

Clickable

버튼처럼 사용할 수 있습니다.

Height

Fill parent...

이미지의 크기를 설정할 수 있습니다.
 -Automatic : 자동설정
 -Fill parent : 상위 컴포넌트에 꽉 차게
 -pixels : 픽셀 절대값으로 설정

Width

Fill parent...

1 pixel	0.0264583333cm
2 pixel	0.0529166667cm
5 pixel	0.1322916667cm

-percent : 백분율 상대값으로 설정

Picture

rabbit.jpg...

이미지 파일을 설정할 수 있습니다.
업로드가 완료되면 하단 〈Media〉에 추가됩니다.

ScalePictureToFit

스크린에 맞게 이미지 비율을 조정할 수 있습니다.

비활성화	활성화

Visible

컴포넌트 보임 여부를 설정할 수 있습니다.
(코딩으로도 설정할 수 있습니다)

③ Blocks 별도의 블록코딩이 필요하지 않음

그림은 여기에   https://bit.ly/100apps_image

왜 만드나
(개발의도)

모바일로도 푸시팝을 만들 수 있습니다. 버튼을 누른다고 해서 뭐가 나오거나 실행되거나 하지 않는다. 실제 푸시팝 장난감처럼.

뭘 써서 만드나
(사용 컴포넌트-팔레트)

User Interface - Button

뭐가 필요한가
(준비물)

없음

어떻게 만드니
(코딩 시작)

① Designer Palette - User Interface - Button 컴포넌트를 Viewer로 가져오기

a. Viewer : Button 미리보기 생성

※ 회색 바탕에 적힌 "Text for Button1" 문구는 신경쓰지 않기.
색깔도 바꿀 수 있고, 문구도 바꿀 수 있습니다.

b. Component : Screen1 하위 Button1 생성

Screen1

Properties

Screen1

ShowStatusBar

☐

상태바 표시 비활성으로 설정합니다.
-버튼 컴포넌트에 집중합니다.

Theme

Classic ▾

어플 테마를 설정할 수 있습니다.
-베젤Bezel 등이 조정됩니다.

Title

푸시팝

스크린 제목을 설정할 수 있습니다.

TitleVisible

☐

스크린 제목 표시 비활성으로 설정합니다.

※그 밖의 속성 설정은 생략합니다.

Button1

Properties

Button1

BackgroundColor

■ Red

버튼 배경색을 설정할 수 있습니다.
(코딩으로도 설정할 수 있습니다)

None(무색)	Black(검정)	Blue(파랑)
Cyan(청록)	Default(기본값)	Dark Gray(진회)
Gray(회식)	Green(초록)	Light Gray(연두)
Magenta(진분홍)	Orange(주황)	Pink(분홍)
Red(빨강)	White(하양)	Yellow(노랑)
Custom...(사용자설정)		

Height

Automatic...

Width

Fill parent...

버튼 크기(Height높이/Width너비)를 설정할 수 있습니다.
  -Automatic : 자동설정
  -Fill parent : 상위 컴포넌트에 꽉 차게
  -pixels : 픽셀 절대값으로 설정
  -percent : 백분율 상대값으로 설정

Shape
default ▾

버튼 모양을 설정할 수 있습니다.
 -default : 기본값(사각형)
 -rounded : 모서리 둥근 사각형
 -rectangular : 직사각형
 -oval : 타원

Text

버튼 문구를 설정할 수 있습니다.
 -버튼만 나타나도록 빈칸으로 둡니다.

TextAlignment
center : 1 ▾

버튼 문구 정렬을 설정할 수 있습니다.

TextColor
█ Default

버튼 문구 색상을 설정할 수 있습니다.

Visible
☑

버튼 표시 여부를 설정할 수 있습니다.

※그 밖의 속성 설정은 생략합니다.

③ ⌈ Blocks ⌋ 별도의 블록코딩이 필요하지 않음

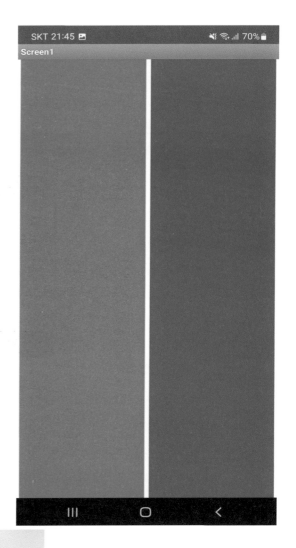

왜 만드나
(개발의도)

버튼 2개 푸시팝을 만들어보겠습니다. 컴포넌트 배치를 연습하는거죠.

　　뭘 써서 만드나
(사용 컴포넌트-팔레트)
User Interface - Button
Layout - HorizontalArrangement

뭐가 필요한가
　(준비물)
없음

어떻게 만드니
　(코딩 시작)

① Designer Palette - Layout - HorizontalArrangement 컴포넌트를 가져오기
② Designer Palette - User Interface - Button 컴포넌트를 HorizontalArrangemet 속으로 가져오기 (2번 실행 - 나란히 배치됨)

a. Layout의 종류

HorizontalArrangement / HorizontalScrollArrangement	옆으로 나란히
TableArrangement	바둑판모양
VerticalArrangement / VerticalScrollArrangement	아래로 나란히

③ Designer | Properties 설정

Screen1

Screen1

AlignHorizontal
`Center : 3 ▾`

AlignVertical
`Center : 2 ▾`

스크린1의 정렬을 설정합니다.
 -수평 기준 : 가운데 정렬
 -수직 기준 : 가운데 정렬

※그 밖의 속성 설정은 생략합니다.

HorizontalArrangement1

HorizontalArrangement1

AlignHorizontal
`Center : 3 ▾`

AlignVertical
`Center : 2 ▾`

수평 레이아웃1의 정렬을 설정합니다.
 -수평 기준 : 가운데 정렬
 -수직 기준 : 가운데 정렬

BackgroundColor
■ Default

배경색을 설정합니다.
 -2개의 버튼에 가려집니다. 큰 의미없습니다.

Height
`Fill parent...`

크기를 설정합니다.
 - 스크린에 가득 채우기 위해 Fill parent 설정

Width
`Fill parent...`

※그 밖의 속성 설정은 생략합니다.

Button1

BackgroundColor
■ Red

버튼1의 배경색은 빨강으로 설정합니다.

Button2

BackgroundColor
■ Blue

버튼2의 배경색은 파랑으로 설정합니다.

Height

Fill parent...

Width

Fill parent...

버튼1,2의 크기를 설정합니다.
-스크린에 가득 채우기 위해 Fill parent 설정

※컴포넌트가 2개이기 때문에 1/2씩 설정합니다.
 3개일 경우에는 1/3씩 자동 설정됩니다.

※그 밖의 속성 설정은 생략합니다.

④ [Blocks] 별도의 블록코딩이 필요하지 않음

프로젝트4_two_pushpop2
  ✿프로젝트3의 쌍둥이 어플

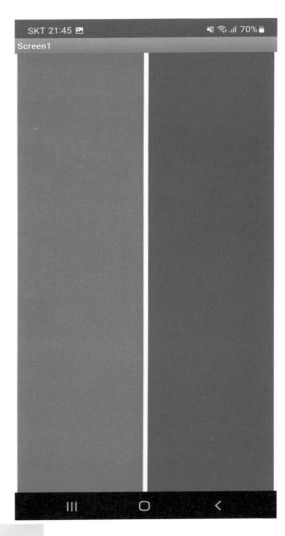

왜 만드나
(개발의도)

프로젝트3에서 만든 버튼 2개 푸시팝을 다른 방법으로 만들 수 있습니다. 블록코딩으로만.

뭘 써서 만드나
(사용 컴포넌트-팔레트)

User Interface - Button

Layout - HorizontalArrangement

뭐가 필요한가
(준비물)

없음

어떻게 만드니
(코딩 시작)

① Designer Palette - Layout - HorizontalArrangement 컴포넌트를 가져오기

② Designer Palette - User Interface - Button 컴포넌트를 HorizontalArrangemet 속으로 가져오기 (2번 실행 - 나란히 배치됨)

a. 사용하는 컴포넌트는 프로젝트3과 동일합니다.

b. 별도의 속성 부여는 하지 않고 블록코딩을 합니다.

③ Designer 각 컴포넌트별 속정 지정은 하지 않습니다.

④ Blocks 코딩

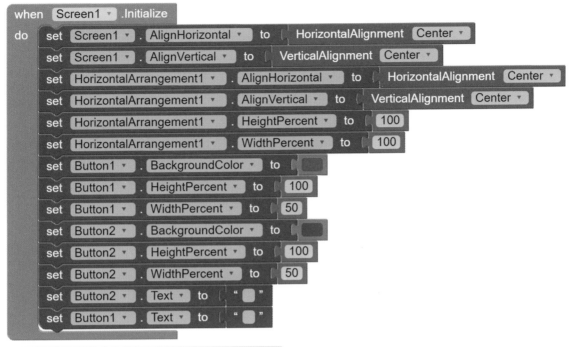

스크린1이 초기화되면 다음과 같이 실행하시오.
- 스크린 수평 정렬 : 수평정렬을 가운데로
- 스크린 수직 정렬 : 수직정렬을 가운데로
- 수평 레이아웃 수평 정렬 : 수평정렬을 가운데로
- 수평 레이아웃 수직 정렬 : 수직정렬을 가운데로
- 수평 레이아웃 높이 비율 : 상위 컴포넌트 기준 100% // 상위 : 스크린1
- 수평 레이아웃 너비 비율 : 상위 컴포넌트 기준 100% // 상위 : 스크린1
- 버튼1 배경색상 : 빨강
- 버튼1 높이 비율 : 상위 컴포넌트 기준 100% // 상위 : 수평 레이아웃
- 버튼1 너비 비율 : 상위 컴포넌트 기준 100% // 상위 : 수평 레이아웃
- 버튼2 배경색상 : 파랑
- 버튼2 높이 비율 : 상위 컴포넌트 기준 100% // 상위 : 수평 레이아웃
- 버튼2 너비 비율 : 상위 컴포넌트 기준 100% // 상위 : 수평 레이아웃
- 버튼1 텍스트 :   // 문구를 지우기 위해 공란 처리
- 버튼2 텍스트 :   // 문구를 지우기 위해 공란 처리

이건 뭐에요

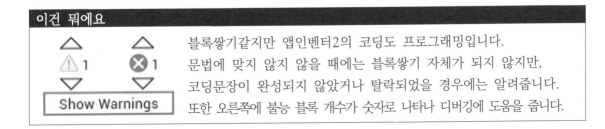

블록쌓기같지만 앱인벤터2의 코딩도 프로그래밍입니다.
문법에 맞지 않지 않을 때에는 블록쌓기 자체가 되지 않지만,
코딩문장이 완성되지 않았거나 탈락되었을 경우에는 알려줍니다.
또한 오른쪽에 불능 블록 개수가 숫자로 나타나 디버깅에 도움을 줍니다.

버튼을 많이 그리고 예쁘게 만들어보겠습니다. 물론 이것도 버튼을 누른다고 해서 뭐가 나오거나 실행되거나 하지 않아요. 참! 이것 역시 블록코딩으로 제작합니다.

뭘 써서 만드나
(사용 컴포넌트-팔레트)

User Interface - Button

Layout - VerticalArrangement

뭐가 필요한가
(준비물)

없음

어떻게 만드니
(코딩 시작)

① Designer Palette - Layout - VerticalArrangement 컴포넌트를 가져오기

② Designer Palette - User Interface - Button 컴포넌트를 VerticalArrangement 속으로
　　가져오기 (7번 실행 - 무지개니까)

a. 컴포넌트를 복사-붙이는 기능은 없습니다. 필요한 개수만큼 드래그-드롭을 반복합니다.

b. 별도의 속성 부여는 하지 않고 블록코딩을 합니다.

③ Designer 각 컴포넌트별 속성 지정은 하지 않습니다.

④ Blocks 코딩

스크린1이 초기화되면 다음과 같이 실행하시오.
 - 스크린 수평 정렬 : 수평정렬을 가운데로
 - 스크린 수직 정렬 : 수직정렬을 가운데로
 - 수직 레이아웃 수평 정렬 : 수평정렬을 가운데로
 - 수직 레이아웃 수직 정렬 : 수직정렬을 가운데로
 - 수직 레이아웃 높이 비율 : 상위 컴포넌트 기준 100% // 상위 : 스크린1
 - 수직 레이아웃 너비 비율 : 상위 컴포넌트 기준 100% // 상위 : 스크린1
 - 버튼1 글상자 : ██████ // 공란으로 두어 글자를 없앰
 - 버튼1 높이 비율 : 상위 컴포넌트 기준 100÷7 // 7줄이므로 나누기 7
 - 버튼1 너비 비율 : 상위 컴포넌트 기준 100%

 6번 더 반복함 : 버튼2, 버튼3, 버튼4, 버튼5, 버튼6

- 버튼1 배경색상 :
- 버튼2 배경색상 :
- 버튼3 배경색상 :
- 버튼4 배경색상 :
- 버튼5 배경색상 :
- 버튼6 배경색상 :
- 버튼7 배경색상 :

또는 이렇게 코딩할 수 있어요. (■ ■ ■ ■ ■ ■ 부분)

빨	RBG 255, 0, 0
주	RBG 255, 127, 0
노	RBG 255, 255, 0
초	RBG 0, 255, 0
파	RBG 0, 0, 255
남	RBG 75, 0, 130
보	RBG 148, 0, 211

프로젝트6_webviewer

왜 만드나
(개발의도)

자주 가는 인터넷 웹페이지를 URL을 입력하거나 검색하는 과정 없이, 앱 실행 한번으로 볼 수 있는 나만의 웹뷰어를 만들어보겠습니다. 단, 네트워크에 연결이 되어야겠죠.

뭘 써서 만드나
(사용 컴포넌트-팔레트)

User Interface - Webviewer

뭐가 필요한가
(준비물)

웹페이지 주소(URL)

어떻게 만드니
(코딩 시작)

① Designer Palette - User Interface - Webviewer 컴포넌트를 Viewer로 가져오기

a. Viewer : Webviewer 미리보기 생성
   ※ 지구 아이콘 신경쓰지 않기.

② ⟨Designer⟩ Properties 설정

Screen1

Screen1

AlignHorizontal

| Center : 3 ▾ |

AlignVertical

| Center : 2 ▾ |

스크린1의 정렬을 설정합니다.
 -수평 기준 : 가운데 정렬
 -수직 기준 : 가운데 정렬

※그 밖의 속성 설정은 생략합니다.

WebViewer1

WebViewer1

Height

| Fill parent... |

Width

| Fill parent... |

HomeUrl

| |

웹뷰어1의 크기를 설정합니다.

 -높이 : Fill parent 설정

 -너비 : Fill parent 설정

웹뷰어 홈URL을 설정합니다.

※그 밖의 속성 설정은 생략합니다.

③ ⟨Blocks⟩ 코딩

```
when  Screen1 ▾ .Initialize
do    set  WebViewer1 ▾ . HomeUrl ▾  to  " https://www.google.com/ "
```

스크린1이 초기화되면 다음과 같이 실행하시오.
 - 웹뷰어1 홈URL 설정 : https://www.google.com/ // 저는 구글로 했습니다.

왜 만드나
(개발의도)

모바일 명함을 제작합니다. 간단한 글로 나를 소개해봐요.

뭘 써서 만드나
(사용 컴포넌트-팔레트)

User Interface - Label

뭐가 필요한가
(준비물)

없음

어떻게 만드니
(코딩 시작)

① Designer Palette - User Interface - Label 컴포넌트를 Viewer로 가져오기
(8번 반복)

a. 이번엔 스마트기기를 옆으로 눕혀서 사용하겠습니다.
  - 명함이 보통 세로보다 가로로 길쭉하니까요.
b. 8개의 레이블 컴포넌트 중에 2개(Label3, Label6)은 여백으로 사용할 겁니다.

② | Designer | Properties 설정

Screen1

Screen1

ScreenOrientation

| Landscape ▾ |

| Unspecified |
| Portrait |
| Landscape |
| Sensor |
| User |

스크린 방향을 설정합니다.
-Unspecified : 특정하지 않음
-Portrait : 위아래로 길게
-Landscape : 좌우로 길게
-Sensor : 센서
-User : 사용자 정의

※그 밖의 속성 설정은 생략합니다.

Label3, 6

Label3

Text

글상자 문구를 빈칸으로 설정합니다.
-여백으로 활용될 레이블이기 때문입니다.

※그 밖의 속성 설정은 생략합니다.

③ | Blocks | 코딩

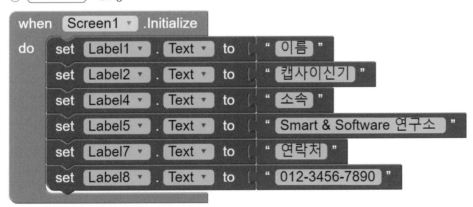

스크린1이 초기화되면 다음과 같이 실행하시오.
- 레이블1 문구 설정 : 이름
- 레이블2 문구 설정 : 캡사이신기
- 레이블4 문구 설정 : 소속
- 레이블5 문구 설정 : Smart & Software 연구소
- 레이블7 문구 설정 : 연락처
- 레이블8 문구 설정 : 012-3456-7890

왜 만드나
(개발의도)

휴대폰 스크린에 메모를 할 수 있습니다. 그리고 지울 수도 있습니다!
저장해서 두고두고 보는 건 저장 컴포넌트를 활용하면 됩니다.

뭘 써서 만드나
(사용 컴포넌트-팔레트)

User Interface - Button
User Interface - Label
User Interface - Textbox

뭐가 필요한가
(준비물)

없음

어떻게 만드니
(코딩 시작)

① Designer Palette - User Interface - Textbox → Button → Label 컴포넌트를
순서대로 Viewer로 가져오기

a. 기본적으로 복수의 컴포넌트는 아래로 쌓아진다
   - Layout - VerticalArrangement 효과와 같다.

Textbox1

TextBox1

Hint

메모를 입력하세요

비어있는 글상자에 적힐 문구를 설정합니다.
-저는 메모를 입력할 수 있게 "메모를 입력하세요" 문구를 입력하였습니다.

MultiLine

☑

여러 줄 입력 여부에 체크합니다.

NumbersOnly

☐

숫자전용입력은 비활성화합니다.
- 전화번호, 금액 입력시 유용합니다.

※그 밖의 속성 설정은 생략합니다.

Button1

Button1

Text

입력

버튼 문구를 설정합
-글상자 문구가 레이블 문구로 입력하는 버튼이라 "입력" 문구로 설정하였습니다.

※그 밖의 속성 설정은 생략합니다.

Label1

Label1

Text

나만의 메모가 표기됩니다

글상자 문구를 레이블로 입력하기 전 표기될 문구를 설정할 수 있습니다.
-"나만의 메모가 표기됩니다"라고 설정하였습니다.

※그 밖의 속성 설정은 생략합니다.

③ [Blocks] 코딩

버튼1를 클릭하면
  - 레이블1 문구 설정 : 텍스트1의 문구로

이것 저것 막 눌러보고 연결해보고 해보세요.

터지거나 망가지지 않습니다.

우리에겐 필살기가 있잖아요. [Ctrl]+[Z]

왜 만드나
(개발의도)

프로젝트7의 업그레이드. 메모한 내용을 한번에 지워보겠습니다. 짠!

뭘 써서 만드나
(사용 컴포넌트-팔레트)

User Interface - Button
User Interface - Label
User Interface - Textbox
Layout - HorizontalArrangement

뭐가 필요한가
(준비물)

없음

어떻게 만드니
(코딩 시작)

① Designer Palette - User Interface - Textbox 컴포넌트 가져오기

② Designer 그 아래에 Layout - HorizontalArrangement 컴포넌트 가져오기

③ Designer HorizontalArrangement 안에 Button 컴포넌트 2번 가져오기
 ※ 드래그-드롭 순서대로 수평 정렬됩니다.

④ Designer 그 아래에 Label 컴포넌트를 Viewer로 가져오기

Textbox1

TextBox1

Hint

메모를 입력하세요

MultiLine
☑

비어있는 글상자에 적힐 문구를 설정합니다.
 -저는 메모를 입력할 수 있게
 "메모를 입력하세요" 문구를 입력하였습니다.

여러 줄 입력 여부에 체크합니다.

※그 밖의 속성 설정은 생략합니다.

Button1

Button1

Text

입력

버튼1 문구를 설정합
 -글상자 문구가 레이블 문구로 입력하는 버튼이라
 "입력" 문구로 설정하였습니다.

※그 밖의 속성 설정은 생략합니다.

Button2

Button2

Text

삭제

버튼2 문구를 설정합
 -레이블 문구를 모두 지우는 버튼이라 "삭제" 문
 구로 설정하였습니다.

※그 밖의 속성 설정은 생략합니다.

Label1

Label1

Text

나만의 메모가 표기됩니다

글상자 문구를 레이블로 입력하기 전 표기될 문구
를 설정할 수 있습니다.
 -"나만의 메모가 표기됩니다"라고 설정하였습니다.

※그 밖의 속성 설정은 생략합니다.

⑥ (Blocks) 코딩

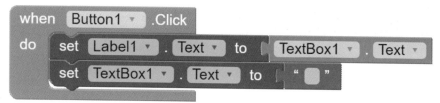

버튼1를 클릭하면
- 레이블1 문구 설정 : 텍스트1의 문구로
- 텍스트박스1 문구 설정 : // 빈칸으로 두어서 비어있게 설정

튼2를 클릭하면
- 레이블1 문구 설정 : // 빈칸으로 두어서 비어있게 설정

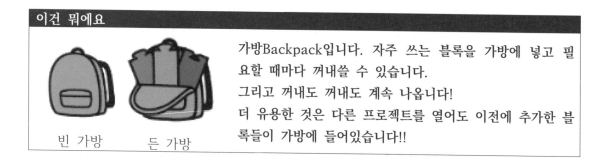

왜 만드나
(개발의도)

손을 대면 토끼가 깡총! 손을 떼면 토끼가 멈춤!!

뭘 써서 만드나
(사용 컴포넌트-팔레트)

User Interface - Button

뭐가 필요한가
(준비물)

웹페이지 주소(URL)

어떻게 만드니
(코딩 시작)

① [Designer] 프로젝트10부터의 설정은 도식으로 표현하겠습니다.

컴포넌트
스크린1
　└ 버튼1

속성 | 스크린1
상태바 보이기 해제
타이틀 보이기 해제

속성 | 버튼1
높이 : 상위 컴포넌트 크기만큼
너비 : 상위 컴포넌트 크기만큼

② ⬛Media⬛ 2개 파일 업로드

⬛ 그림은 여기에

https://bit.ly/100apps_image

③ ⬛Blocks⬛ 코딩

```
when  Screen1 ▾ .Initialize
do    set  Button1 ▾ . Image ▾  to  ▏ 10_rabbit(1).jpg ▾
```

스크린1이 초기화되면
 - 버튼1 이미지 설정 : 10_rabbit(1).jpg // 앉아있는 토끼 그림

```
when  Button1 ▾ .TouchDown
do    set  Button1 ▾ . Image ▾  to  ▏ 10_rabbit(2).jpg ▾
```

버튼1을 눌렀을 때
 - 버튼1 이미지 설정 : 10_rabbit(2).jpg // 깡총 뛰고있는 토끼 그림

```
when  Button1 ▾ .TouchUp
do    set  Button1 ▾ . Image ▾  to  ▏ 10_rabbit(1).jpg ▾
```

버튼1을 손뗐을 때
 - 버튼1 이미지 설정 : 10_rabbit(1).jpg // 다시 앉아있는 토끼 그림

앱은 어떤 과정을 거쳐 제작되나요?

eed(필요)

다양한 목적과 요구에 의해 앱 제작의 필요성을 느낄 수 있습니다. 주로 사용하던 기존의 앱이 가지고 있던 불편함과 부족함을 보완하기 위해 새로운 앱을 개발합니다. 또한 스마트 기기(하드웨어)의 발전에 따라 새로운 기능.기술이 추가되고 이를 구현하기 위한 앱(소프트웨어)을 개발합니다.

esign(디자인)

앱의 목적과 의도를 달성하기 위해 가장 최적화된 디자인을 고안합니다. UI(User Interface)와 UX(User Experience) 측면에서 디자인을 평가하고 개선해나갑니다.

mplement(구현)

코딩 툴을 사용하여 아이디어와 디자인을 실제의 앱으로 구현합니다. 과제를 분해하여 단계별로 모듈별로 코딩하고 버그를 찾아 개선하는 과정을 거칩니다.

hare(공유)

알파버전-베타버전-릴리즈단계 등을 거쳐 완성된 앱이 출시.공유되는 단계입니다. 사용자의 피드백 등이 앱 성능을 개선하거나 새로운 앱 개발로 이어집니다.

같은 단어의 검색결과 첫 페이지가 검색엔진에 따라 다르다는 점, 알고 계세요? 주요 검색엔진인 구글, 네이버, 다음의 검색결과를 비교할 수 있는 어플입니다.

뭘 써서 만드나
(사용 컴포넌트-팔레트)

User Interface - Textbox
User Interface - Button
User Interface - Webviewer
Layout - HorizontalArrangement

뭐가 필요한가
(준비물)

없음

어떻게 만드니
(코딩 시작)

① Designer

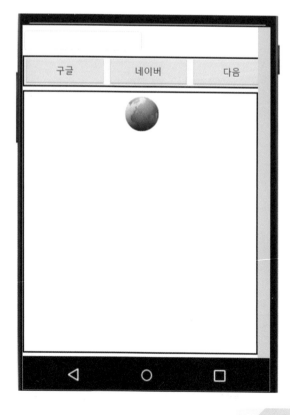

컴포넌트
스크린1
 └ 글상자1
 └ 수평정렬1
　 └ 버튼1
　 └ 버튼2
　 └ 버튼3
 └ 웹뷰어1

속성 | 스크린1
상태바 보이기 해제
타이틀 보이기 해제

속성 | 글상자1
힌트 : 검색어를 입력하세요

속성 | 버튼1, 2, 3
문구 : 구글, 네이버, 다음
너비 : 33%

② Blocks 코딩

버튼1을 클릭하면
 - 웹뷰어1 호출 URL 설정 : 문자 조합 - https://www.google.com/search?q=
                                    - 글상자1의 문구

버튼2을 클릭하면
 - 웹뷰어1 호출 URL 설정 : 문자 조합 - https://search.naver.com/search.naver?wh
                                    ere=nexearch&sm=top_hty&fbm=1&ie=utf8&
                                    query=
                                    - 글상자1의 문구

버튼3을 클릭하면
 - 웹뷰어1 호출 URL 설정 : 문자 조합 - https://search.daum.net/search?w=tot&DA
                                    =YZR&t__nil_searchbox=btn&sug=&sugo=&sq
                                    =&o=&q=
                                    - 글상자1의 문구

 버튼 구분을 구글 / 네이버 / 다음 이렇게 하는 것도 좋은데,

검색엔진 로고로 해도 좋을 것 같습니다.

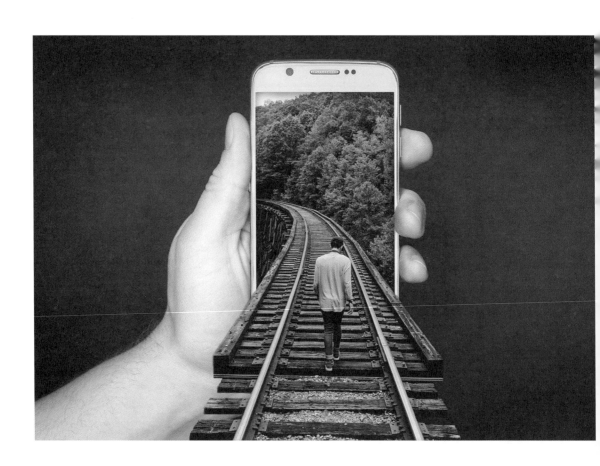

사진1 사진2 사진3 사진1 사진2 사진3

계속 3종 세트 코딩입니다. 프로젝트1의 심화버전으로 그림1,2,3을 선택해서 볼 수 있습니다.
하나만 계속 보면 재미없잖아요.

뭘 써서 만드나
(사용 컴포넌트-팔레트)

User Interface - Textbox
User Interface - Button
User Interface - Image
Layout - HorizontalArrangement

뭐가 필요한가
(준비물)

마음에 드는 사진 3개

어떻게 만드니
(코딩 시작)

① Designer

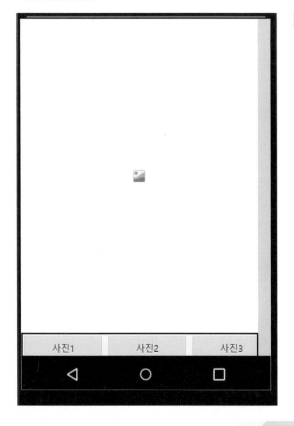

컴포넌트
스크린1
└ 이미지1
└ 수평정렬1
　└ 버튼1
　└ 버튼2
　└ 버튼3

속성 | 스크린1
상태바 보이기 해제
타이틀 보이기 해제

속성 | 이미지1
높이 90% 너비 Fill parent

속성 | 수평정렬1
높이 10% 너비 Fill parent

속성 | 버튼1, 2, 3
문구 : 사진1, 사진2, 사진3
너비 : 33%

② Blocks 코딩

when Button1 .Click
do set Image1 . Picture to 12_cat(1).jpg

버튼1을 클릭하면
- 이미지1 사진 설정 : 12_cat(1).jpg // 사진파일명은 임의 부여합니다.

when Button2 .Click
do set Image1 . Picture to 12_cat(2).jpg

버튼2을 클릭하면
- 이미지1 사진 설정 : 12_cat(2).jpg // 사진파일명은 임의 부여합니다.

when Button3 .Click
do set Image1 . Picture to 12_cat(3).jpg

버튼3을 클릭하면
- 이미지1 사진 설정 : 12_cat(3).jpg // 사진파일명은 임의 부여합니다.

■ 그림은 여기에

https://bit.ly/100apps_image

이건 뭐에요

어플에 탑재하는 이미지가 많아지면 하나하나 업로드를 하기 힘들어집니다.
그럴 때! 업로드하려는 파일을 전부 선택하고 인터페이스 내에 미디어 쪽으로 드래그-드롭하면 한번에 탑재할 수 있습니다. 파일을 복수선택할 때 연속 선택은 Shift 키를, 따로 선택은 Ctrl 키를 활용합니다. 그리고 폴더 내의 모든 파일을 선택할 때에는 Ctrl+A. 다 아시죠?

왜 만드나
(개발의도)

슬라이드바를 이용하여 사진을 넘겨서 보려고 합니다.

뭘 써서 만드나
(사용 컴포넌트-팔레트)

User Interface - Image
User Interface - Slide

뭐가 필요한가
(준비물)

마음에 드는 사진 3개

어떻게 만드니
(코딩 시작)

① [Designer]

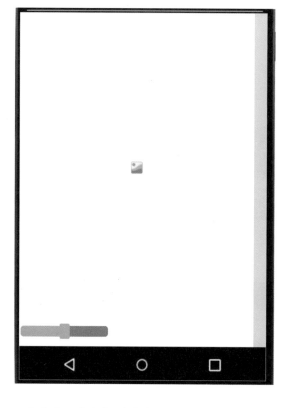

컴포넌트
스크린1
 ㄴ 이미지1
 ㄴ 슬라이더1

속성 | 스크린1
수평정렬 : 중앙
상태바 보이기 해제
타이틀 보이기 해제

속성 | 이미지1
높이 Fill parent 너비 Fill parent

속성 | 수평정렬1
높이 10% 너비 Fill parent

속성 | 슬라이더1
너비 : Fill parent
최고치 : 3
최저치 : 0
초기표시위치 : 0

a. 사진이 3장이라 최저치를 0, 최고치를 3으로 설정합니다.
  - 사진1(0이상 1미만) 사진2(1이상 2미만) 사진2(2이상 3이하)

②  코딩

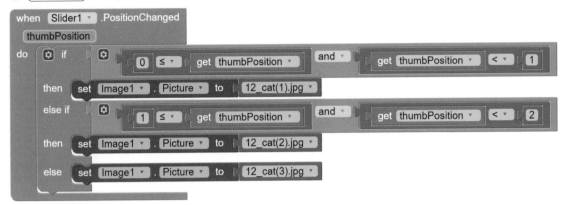

슬라이더1의 위치가 변할 때
  만약 썸네일 위치가 0이상 그리고 1미만 이라면
  - 이미지1 사진 설정 : 12_cat(1).jpg
  혹은 만약 썸네일 위치가 1이상 그리고 2미만 이라면
  - 이미지1 사진 설정 : 12_cat(2).jpg
  아니면
  - 이미지1 사진 설정 : 12_cat(3).jpg

 왜 저렇게 했냐면
  각 사진의 범위가 아래와 같이 때문입니다.

범위를 설정할 때에는 논리 블록 AND 을 이용합니다.

왜 만드나
(개발의도)

슬라이드바를 이용하여 사진을 연결하면 초기 애니메이션을 구현할 수 있습니다.

뭘 써서 만드나
(사용 컴포넌트-팔레트)

User Interface - Image
User Interface - Slide

뭐가 필요한가
 (준비물)

공 던지는 사진 3개

어떻게 만드니
 (코딩 시작)

① Designer

컴포넌트
스크린1
 ㄴ 이미지1
 ㄴ 슬라이더1

속성 | 스크린1
수평정렬 : 중앙
상태바 보이기 해제
타이틀 보이기 해제

속성 | 이미지1
높이 Fill parent 너비 Fill parent

속성 | 수평정렬1
높이 10% 너비 Fill parent

속성 | 슬라이더1
너비 : Fill parent
최고치 : 3
최저치 : 0
초기표시위치 : 0

a. 사진이 3장이라 최저치를 0, 최고치를 3으로 설정합니다.
 - 사진1(0이상 1미만) 사진2(1이상 2미만) 사진2(2이상 3이하)

②  코딩

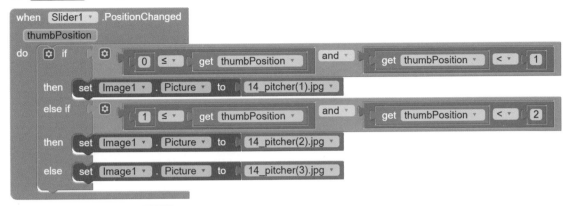

슬라이더1의 위치가 변할 때

만약 썸네일 위치가 0이상 그리고 1미만 이라면
- 이미지1 사진 설정 : 14_pitcher(1).jpg

혹은 만약 썸네일 위치가 1이상 그리고 2미만 이라면
- 이미지1 사진 설정 : 14_pitcher(2).jpg

아니면
- 이미지1 사진 설정 : 14_pitcher(3).jpg

■ 이렇게 구현됩니다

■ 그림은 여기에

https://bit.ly/100apps_image

1번 프로젝트 기억나시나요? 저는 고양이 사진으로 갤러리를 만들었는데요, 그 고양이가 야옹야옹 소리를 냅니다.

뭘 써서 만드나
(사용 컴포넌트-팔레트)

User Interface - Image
Media - Sound

뭐가 필요한가
(준비물)

고양이 이미지, 고양이 울음소리 파일

어떻게 만드니
(코딩 시작)

① Designer

컴포넌트
스크린1
└ 이미지1
└ 사운드1

속성 | 스크린1
상태바 보이기 해제
타이틀 보이기 해제

속성 | 이미지1
클릭이 되도록Clickable 활성화
높이 Fill parent 너비 Fill parent
이미지 설정 : 12_cat(1).jpg

속성 | 사운드1
사운드소스 : meow.mp3

▲ 사운드 컴포넌트는 뷰어에 보이지 않고, 아래쪽에서 확인할 수 있습니다.
Non-visible components

Sound1

②  코딩

이미지1를 클릭할 때야용
　실행하기야용.사운드1 플레이야옹

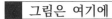 그림은 여기에

https://bit.ly/100apps_image

■ 소리는 여기에

https://bit.ly/100apps_sound

왜 만드나 (개발의도)

계속 고양이만 등장했더니 멍멍이가 삐졌네요. 이번 프로젝트에선 멍멍이가 등장하며, 클릭하면 우렁차게 짖습니다. 왈왈

뭘 써서 만드나 (사용 컴포넌트-팔레트)

User Interface - Image
Media - Sound

뭐가 필요한가 (준비물)

멍멍이 이미지, 멍멍이 울음소리 파일

어떻게 만드니 (코딩 시작)

① Designer

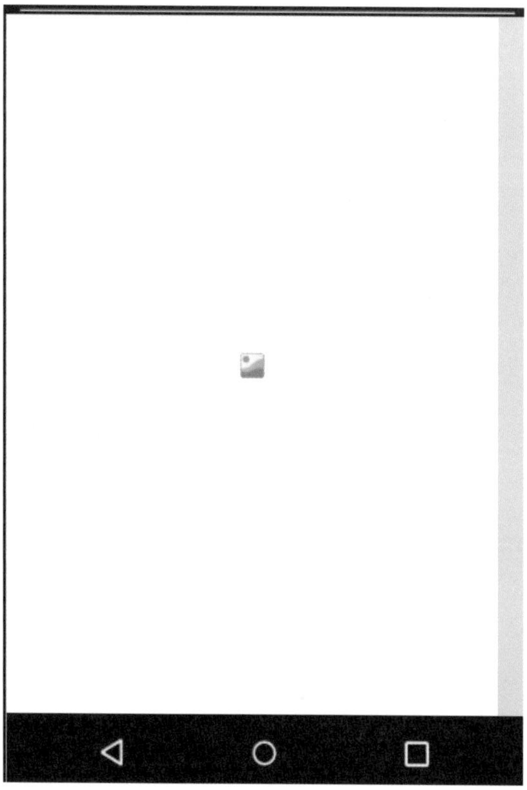

컴포넌트

스크린1
ㄴ 이미지1
ㄴ 사운드1

속성 | 스크린1

상태바 보이기 해제
타이틀 보이기 해제

속성 | 이미지1

클릭이 되도록Clickable 활성화
높이 Fill parent 너비 Fill parent

속성 | 사운드1

-

▲ 이미지 및 사운드 음원은 코딩으로 설정합니다.

② [Blocks] 코딩

```
when  Screen1 ▾ .Initialize
do    set  Image1 ▾ . Picture ▾  to      16_dog.jpg ▾
      set  Sound1 ▾ . Source ▾  to      bowwow.MP3 ▾
```

스크린1을 초기화할 때명
　실행하기명. 이미지1 사진설정명. 16_dog.jpg
　실행하기명. 사운드1 음원설정명. bowwow.MP3

```
when  Image1 ▾ .Click
do    call  Sound1 ▾ .Play
```

이미지1를 클릭할 때명
　실행하기명.사운드1 플레이명명

■ 그림은 여기에

https://bit.ly/100apps_image

■ 소리는 여기에

https://bit.ly/100apps_sound

왜 만드나
(개발의도)

모바일 명함을 제작해보겠습니다. 이번엔 사진도 함께

뭘 써서 만드나
(사용 컴포넌트-팔레트)

User Interface - Label
User Interface - Image
Layout - HorizontalArrangement

뭐가 필요한가
(준비물)

나를 표현하는 이미지

어떻게 만드니
(코딩 시작)

① Designer Palette - User Interface - Label 컴포넌트를 Viewer로 가져오기
Palette - Layout - HorizontalArrangement 컴포넌트 가져오기
HorizontalArrangement 안에 Image → Label 순으로 넣기

a. 이번엔 스마트기기를 옆으로 눕혀서 사용하겠습니다.
  - 명함이 보통 세로보다 가로로 길쭉하니까요.

② [Designer] Properties 설정

Screen1

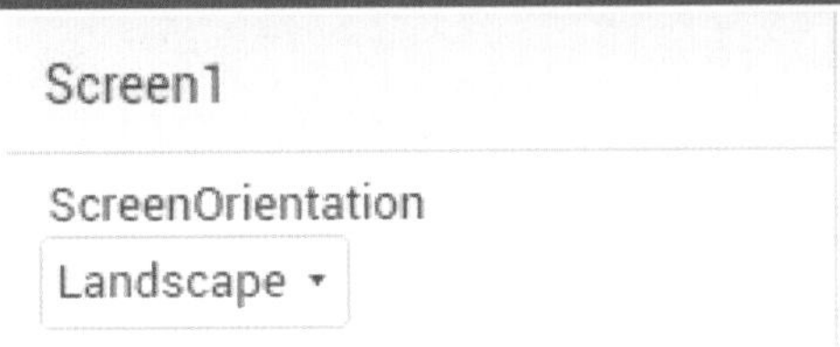

Screen1

ScreenOrientation
[Landscape ▾]

스크린 방향을 설정합니다.
-Unspecified : 특정하지 않음
-Portrait : 위아래로 길게
-Landscape : 좌우로 길게
-Sensor : 센서
-User : 사용자 정의

※그 밖의 속성 설정은 생략합니다.

Image1

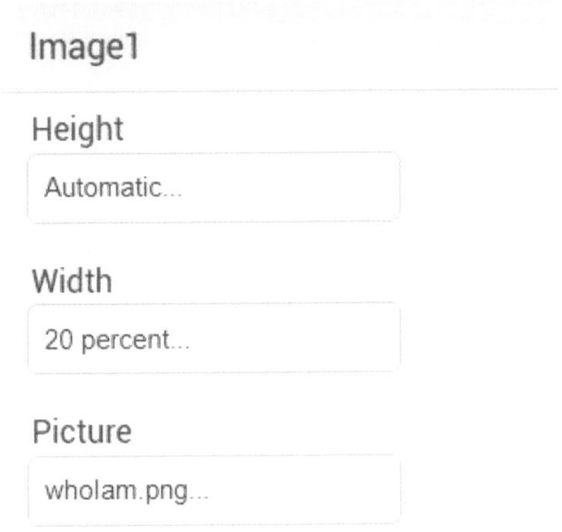

Image1

Height
[Automatic...]

Width
[20 percent...]

이미지1의 크기를 설정합니다.

-높이 : 자동맞춤
-너비 : 20퍼센트 설정
※나머지 80%가 텍스트 할당

Picture
[wholam.png...]

소개 이미지를 설정합니다.

※그 밖의 속성 설정은 생략합니다.

Label2

Label2

Width
[80 percent...]

레이블2 의 크기를 설정합니다.
-높이 : 자동맞춤
-너비 : 80퍼센트

※그 밖의 속성 설정은 생략합니다.

③ [Blocks] 코딩

```
when Screen1 .Initialize
do  set Label1 . Text to " 모바일명함 : 나를 소개합니다 "
    set Label2 . Text to " 저는 000입니다. \n\n저는 만들기를 좋아합니다. \n\n저는 고양이를 좋아합니다. "
```

스크린1이 초기화되면 다음과 같이 실행하시오.
- 레이블1 문구 설정 : 모바일명함 : 나를 소개합니다
- 레이블2 문구 설정 : 저는000입니다. .... 좋아합니다.

 한 줄로 출력되어서 가독성이 떨어집니다.

줄바꿈은 어떻게 할 수 있을까요? Enter↵를 눌러도 안되고요.

바로 \n 을 삽입하면 됩니다. 줄바꿀 때는 \n, 한 줄 띄어쓸 때는 \n\n .

※ 키보드 뷰어에 따라 \ 또는 ₩로 표기됩니다.

④ [Blocks] 코딩

```
when Screen1 .Initialize
do  set Label1 . Text to " 모바일명함 : 나를 소개합니다 "
    set Label2 . Text to " 저는 000입니다. 저는 만들기를 좋아합니다. 저는 고양이를 좋아합니다. "
```

또는 텍스트 조합 블록을 써서 코딩 영역에서도 줄바꿈을 표현할 수 있습니다.

⑤ [Blocks] 코딩

```
when Screen1 .Initialize
do  set Label1 . Text to " 모바일명함 : 나를 소개합니다 "
    set Label2 . Text to  join " 저는 000입니다. "
                               " \n\n "
                               " 저는 만들기를 좋아합니다. "
                               " \n\n "
                               " 저는 고양이를 좋아합니다. "
```

어떤 코딩이 쉬운가요? 보기 좋은가요?

코딩에 정답은 없습니다. 수많은 해답만 있을뿐이죠.

가장 효과적인 알고리즘을 찾아가는 방법, 그것이 **컴퓨팅사고력**입니다.

■ 그림은 여기에   https://bit.ly/100apps_image

왜 만드나
(개발의도)

다시 고양이입니다. 이번엔 클릭이 아니라 흔들어주면 야옹~ 소리가 나요.

뭘 써서 만드나
(사용 컴포넌트-팔레트)

Media - Sound

뭐가 필요한가
(준비물)

고양이 이미지, 고양이 울음소리 파일

어떻게 만드니
(코딩 시작)

① Designer

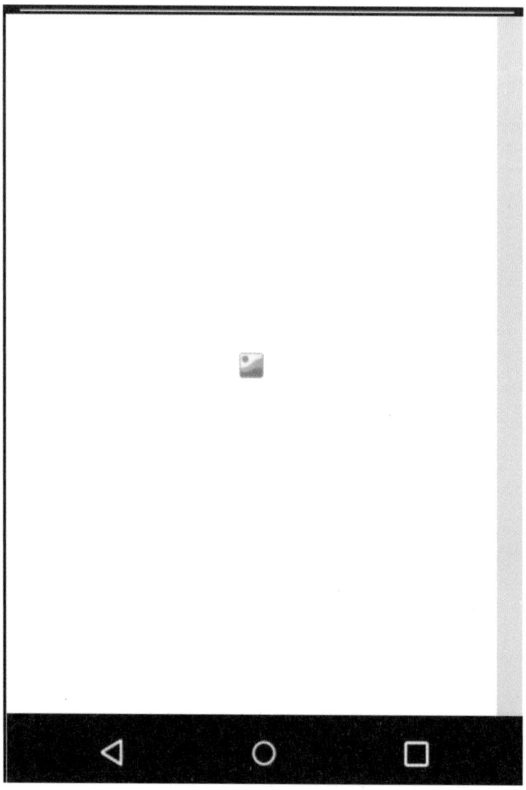

컴포넌트
스크린1
ㄴ 사운드1
ㄴ 엑셀로미터센서1

속성 | 스크린1
상태바 보이기 해제
타이틀 보이기 해제
배경이미지 설정 : 12_cat(1).jpg

속성 | 사운드1
음원 소스 설정 : meow.mp3

②  코딩

엑셀로미터센서1이 흔들림을 감지할 때
　실행하기. 사운드1 플레이

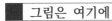 그림은 여기에

https://bit.ly/100apps_image

소리는 여기에

https://bit.ly/100apps_sound

Aug 22, 2022

왜 만드나
(개발의도)

오늘 며칠이지? 제가 해결해드립니다. 흔들어주세요!

뭘 써서 만드나
(사용 컴포넌트-팔레트)

User Interface - Label

Sensors - AccelerometerSensor

Sensors - Clock

뭐가 필요한가
(준비물)

없음

어떻게 만드니
(코딩 시작)

① Designer

오늘 며칠이지?

컴포넌트
스크린1
└ 레이블1
└ 엑셀로미터센서1
└ 시계1

속성 | 스크린1
상태바 보이기 해제
타이틀 보이기 해제

속성 | 레이블1
글상자 설정 : 오늘 며칠이지?

▲ 엑셀로미터센서 컴포넌트와 시계 컴포넌트
는 뷰어에 보이지 않고, 아래쪽에서 확인
할 수 있습니다.

Non-visible components

AccelerometerSensor1   Clock1

②  코딩

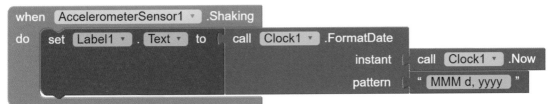

엑셀로미터센서1이 흔들림을 감지할 때
 실행하기.레이블1의 문구 설정 : 시계1 날짜 포맷
                              인스턴트. 현재 시간 불러오기
                              패턴 설정 : 00(월).0(일).0000(년)

     날짜 표현 패턴에는 여러 가지가 있죠.

 연월일 / 월일년 등
 익숙한 표현패턴으로 코딩할 수 있습니다.

골라보세요 :)

2022년 8월 22일 PM 9시 58분 10초

왜 만드나
(개발의도)

지금 몇시지? 제가 해결해드립니다. 흔들어주세요!

뭘 써서 만드나
(사용 컴포넌트-팔레트)

User Interface - Label1
Sensors - AccelerometerSensor1
Sensors - Clock1

뭐가 필요한가
(준비물)

없음

어떻게 만드니
(코딩 시작)

① Designer

지금 몇시지?

컴포넌트
스크린1
 ㄴ 레이블1
 ㄴ 엑셀로미터센서1
 ㄴ 시계1

속성 | 스크린1
상태바 보이기 해제
타이틀 보이기 해제

속성 | 레이블1
글상자 설정 : 지금 몇시지?

▲ 엑셀로미터센서 컴포넌트와 시계 컴포넌트
 는 뷰어에 보이지 않고, 아래쪽에서 확인
 할 수 있습니다.

Non-visible components

AccelerometerSensor1 Clock1

②  코딩

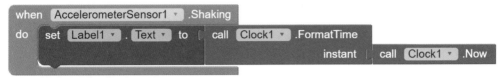

엑셀로미터센서1이 흔들림을 감지할 때
　실행하기.레이블1의 문구 설정 : 시계1 시간 포맷
　　　　　　　　　　　　　　　　　인스턴트. 현재 시간 불러오기

　프로젝트19와 프로젝트20을 합쳐서

날짜와 시간을 모두 나타내는 어플을 만들 수 있습니다.

③ Blocks 코딩

엑셀로미터센서1이 흔들림을 감지할 때
　실행하기.레이블1의 문구 설정 : 시계1 날짜시간 포맷
　　　　　　　　　　　　　　　　인스턴트. 현재 시간 불러오기
　　　　　　　　　　　　　　　　패턴 설정 :　0000년 0월 0일 AM/PM 0시 0분 0초

흔들기, 소리, 시계 기능을 이용해 간단한 게임을 만들어보겠습니다. 여름철 불청객, 모기잡는 게임입니다. 모기가 앵~ 나타나면 흔들어 잡아주세요!

뭘 써서 만드나
(사용 컴포넌트-팔레트)

User Interface - Image1

Sensors - AccelerometerSensor1

Sensors - Clock1

Media - Sound1

뭐가 필요한가
(준비물)

모기 이미지 https://bit.ly/100apps_image 모기 사운드 https://bit.ly/100apps_sound

어떻게 만드니
(코딩 시작)

① Designer

컴포넌트
스크린1
└ 이미지1
└ 엑셀로미터센서1
└ 시계1
└ 사운드1

속성 | 스크린1
상태바 보이기 해제
타이틀 보이기 해제
배경색상 설정 : 검정Black

속성 | 이미지1
이미지 설정 : 21_mosquito.jpg

▲ 보이지 않는 컴포넌트
Non-visible components

AccelerometerSensor1　Clock1　Sound1

Blocks 코딩

```
when  Screen1 .Initialize
do    set  Image1 . Visible  to  false
      set  Clock1 . TimerInterval  to  random integer from  2000  to  5000
      set  Clock1 . TimerEnabled  to  true
      set  Sound1 . Source  to  mosquito_sound.MP3
```

스크린1이 초기화되었을 때

　실행하기. 이미지1 보임 여부 설정 : 거짓 // 일단 모기가 안 보여야 함으로

　　　　시계1 타임인터벌 설정 : 2000-5000 사이의 정수 중 랜덤 // 명령 수행 시간

　　　　시계1 작동 여부 설정 : 참 // 앱이 실행되면 시간이 흐르도록

　　　　사운드1 음원 설정 : mosquito_sound.MP3 // 디자이너에서 설정 가능

랜덤으로 부여된 타임인터벌이 지나면 아래 코딩이 실행됩니다.

```
when  Clock1 .Timer
do    set  Image1 . Visible  to  true
      call  Sound1 .Play
```

시계1이 작동될 때

　실행하기. 이미지1 보임 여부 설정 : 참 // 모기가 보임

　　　　사운드1 음원 재생

모기를 잡으려고 폰을 흔들면 아래 코딩이 실행됩니다.

```
when  AccelerometerSensor1 .Shaking
do    set  Clock1 . TimerEnabled  to  false
      set  Image1 . Visible  to  false
      call  Sound1 .Stop
      set  Clock1 . TimerInterval  to  random integer from  2000  to  5000
      set  Clock1 . TimerEnabled  to  true
```

엑셀로미터센서1이 흔들림을 감지할 때

　실행하기. 시계1 작동 여부 설정 : 거짓 // 인터벌을 다시 설정하기 위해 정지시킴

　　　　이미지1 보임 여부 설정 : 거짓 // 다시 모기가 안 보여야 함으로

　　　　사운드1 음원 멈춤

　　　　시계1 타임인터벌 설정 : 2000-5000 사이의 랜덤수 // 새로운 모기 출현 시간

　　　　시계1 작동 여부 설정 : 참 // 다시 시간이 흐르도록

어플에 다양한 기능이 추가되면 스크린이 여러 개 필요해집니다. 다음 스크린으로 이동하는 앱을 만들어보겠습니다.

User Interface - Button1

없음

① Designer Add Screen을 클릭하여 새로운 스크린을 추가합니다.

a. 스크린 이름 부여 규칙은 동일합니다.
  - 영문자로 시작하기
  - 특수문자, 한글 금지 : 영문자 대.소문자, 숫자, 언더바'_'만 가능
b. 처음 열리는 스크린1은 이름 변경이 안 됩니다.
  - 그리고 한번 부여한 스크린 이름은 변경되지 않습니다.
  - 실행된 어플에서는 보이지 않습니다. 무슨 이름으로 지어줄까 크게 고민하지 마시고, 코딩작
    업에 도움이 되는 정도로만 이름을 부여해주세요.

스크린1

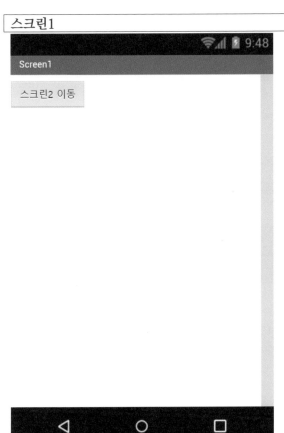

컴포넌트

스크린1
└ 버튼1

속성 | 버튼1

문구 설정 : 스크린2 이동

※ 스크린2를 작업하려면 스크린1 버튼 옆에 역삼각형을 누르면 다른 스크린으로 이동 할 수 있습니다.

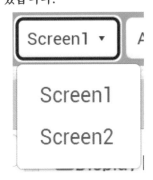

스크린2

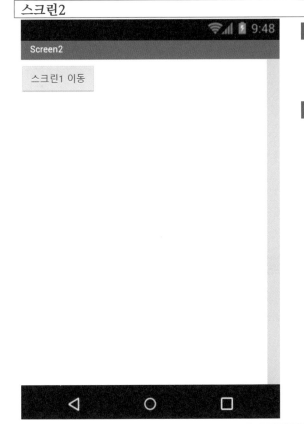

컴포넌트

스크린2
└ 버튼1

속성 | 버튼1

문구 설정 : 스크린1 이동

②  코딩

버튼1이 클릭했을 때

　실행하기. 스크린을 종료하며 그 결과로. 다른 스크린 열기 : 스크린 이름은 Screen2

　　　　　　　　　　　결과는 : 참

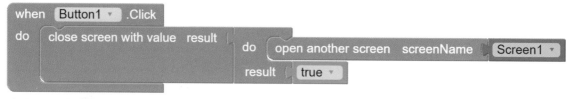

버튼1이 클릭했을 때

　실행하기. 스크린을 종료하며 그 결과로. 다른 스크린 열기 : 스크린 이름은 Screen1

　　　　　　　　　　　결과는 : 참

이건 뭐에요

앱에서 구현하는 기능이 많아질수록 컴포넌트 개수가 늘어나면 자동부여되는 이름 Button1, Button2 등으로는 프로그래머가 헷갈릴 수 있습니다. 이때 컴포넌트 이름바꾸기를 할 수 있습니다. 한글/숫자 모두 가능하지요!

왜 만드나
(개발의도)

프로젝트22의 쌍둥이 어플입니다. 스크린 이동 없이 스크린 이동 효과를 낼 수 있죠. 코딩이 단순해지고 지역.변역 변수의 활용이 용이하다는 장점이 있습니다.

뭘 써서 만드나
(사용 컴포넌트-팔레트)

User Interface - Button1, 2
Layout - HorizontalArrangement1, 2

뭐가 필요한가
(준비물)

없음

어떻게 만드니
(코딩 시작)

① [Designer]

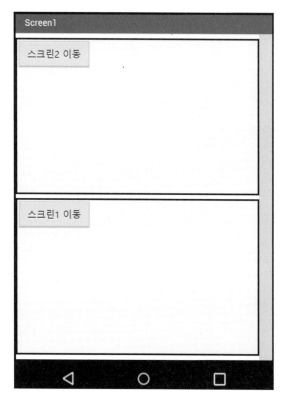

컴포넌트
스크린1
　└ **수평정렬레이아웃1**
　　└ **버튼1**
　└ **수평정렬레이아웃2**
　　└ **버튼2**

속성 | 수평정렬레이아웃1
높이 너비 : Fill parent

속성 | 버튼1
문구 설정 : 스크린1 이동

속성 | 수평정렬레이아웃2
높이 너비 : Fill parent

속성 | 버튼2
문구 설정 : 스크린2 이동

a. 2개의 레이아웃 모두 가득 채우기로 설정되었기 때문에 반반씩 차지하게 됩니다.
　- 이렇게 설정한 이유는 블록코딩에서 설명될 것입니다.

② ［ Blocks ］ 코딩

```
when  Screen1 ▾ .Initialize
do    set  HorizontalArrangement1 ▾ . Visible ▾  to [ true ▾
      set  HorizontalArrangement2 ▾ . Visible ▾  to [ false ▾
```

스크린1이 초기화될 때
　　실행하기. 수평정렬레이아웃1 보임 여부 설정 : 참 // 스크린1만 보이게
　　　　　수평정렬레이아웃2 보임 여부 설정 : 거짓 // 이건 나중에 보이게 할 겁니다.

```
when  Button1 ▾ .Click
do    set  HorizontalArrangement1 ▾ . Visible ▾  to [ false ▾
      set  HorizontalArrangement2 ▾ . Visible ▾  to [ true ▾
      set  Screen1 ▾ . Title ▾  to [ “ Screen2 ”
```

버튼1을 클릭할 때
　　실행하기. 수평정렬레이아웃1 보임 여부 설정 : 거짓 // 스크린1이 안보이게
　　　　　수평정렬레이아웃2 보임 여부 설정 : 참 // 짠! 스크린2가 보입니다.
　　　　　스크린1의 타이블 문구 설정 : 스크린2 // 사실 스크린2가 아니지만!

```
when  Button2 ▾ .Click
do    set  HorizontalArrangement1 ▾ . Visible ▾  to [ true ▾
      set  HorizontalArrangement2 ▾ . Visible ▾  to [ false ▾
      set  Screen1 ▾ . Title ▾  to [ “ Screen1 ”
```

버튼2을 클릭할 때
　　실행하기. 수평정렬레이아웃1 보임 여부 설정 : 참 // 다시 짠! 스크린1이 보이게
　　　　　수평정렬레이아웃2 보임 여부 설정 : 거짓 // 스크린2가 사라집니다
　　　　　스크린1의 타이블 문구 설정 : 스크린1 // 다시 원래 이름으로

입력 후 입력 클릭

입력

왜 만드나
(개발의도)

응원 문구 스크린을 만들어보겠습니다. 콘서트나 경기장에서 보이는 바로 그거요.

뭘 써서 만드나
(사용 컴포넌트-팔레트)

User Interface - Button1
User Interface - Textbox1
User Interface - Label1

뭐가 필요한가
(준비물)

없음

어떻게 만드니
(코딩 시작)

① Designer

널 응원해!

컴포넌트	속성 | 버튼1
스크린1	문구 설정 : 입력
└ 글상자1	
└ 버튼1	속성 | 레이블1
└ 레이블1	문구 설정 : 널 응원해!

② Blocks 코딩

```
when Screen1 .Initialize
do  set Label1 . Visible to false
    set Label1 . WidthPercent to 100
    set Label1 . HeightPercent to 100
    set Label1 . FontSize to 40
```

스크린1이 초기화될 때

　실행하기. 레이블1 보임 여부 설정 : 거짓 // 문구가 안 보이게
　　　　　레이블1 너비 퍼센트 설정 : 100 // 가득 차도록
　　　　　레이블1 높이 퍼센트 설정 : 100 // 가득 차도록
　　　　　레이블1 글씨크기 설정 : 40 // 임의 설정

```
when Button1 .Click
do  set TextBox1 . Visible to false
    set Button1 . Visible to false
    set Label1 . Visible to true
```

버튼1이 클릭했을 때

　실행하기. 글상자1 보임 여부 설정 : 거짓 // 이번엔 글상자가 안 보이고
　　　　　버튼1 보임 여부 설정 : 거짓 // 버튼도 안 보이고
　　　　　레이블1 보임 여부 설정 : 참 // 레이블의 문구만 스크린 화면 꽉 차게 보이게

```
when Screen1 .BackPressed
do  set TextBox1 . Visible to true
    set Button1 . Visible to true
    set Label1 . Visible to false
```

뒤로가기를 눌렀을 때

　실행하기. 글상자1 보임 여부 설정 : 참 // 다시 글상자가 보여서 문구 수정 할 수 있도록　　버튼1 보임 여부 설정 : 참 // 버튼도 다시 짠!
　　　　　레이블1 보임 여부 설정 : 거짓 // 레이블의 문구만 숨기기

왜 만드나
(개발의도)

색깔이 바뀌는 응원 문구 어플입니다.

뭘 써서 만드나
(사용 컴포넌트-팔레트)

User Interface - Button1, 2, 3, 4

User Interface - Textbox1

User Interface - Label1

Layout - HorizontalArrangement1, 2

뭐가 필요한가
(준비물)

없음

어떻게 만드니
(코딩 시작)

① Designer

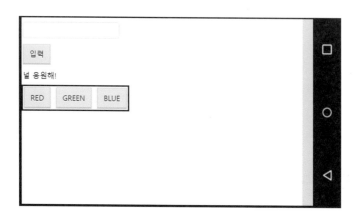

컴포넌트	속성 | 스크린1
스크린1	상태바, 타이틀 보임 설정 해제

컴포넌트

스크린1

└ 글상자1

└ 버튼1

└ 레이블1

└ 수평정렬레이아웃1

　└ 버튼2

　└ 버튼3

　└ 버튼4

속성 | 스크린1

상태바, 타이틀 보임 설정 해제

속성 | 버튼1

문구 설정 : 입력

속성 | 레이블1

문구 설정 : 널 응원해!

속성 | 버튼2, 3, 4

문구 설정 : RED, GREEN, BLUE 입력

```
when  Screen1 ▾ .Initialize
do    call  레이블_보이지_않기 ▾
      set  Label1 ▾ . WidthPercent ▾  to  100
      set  Label1 ▾ . HeightPercent ▾  to  85
      set  HorizontalArrangement1 ▾ . WidthPercent ▾  to  100
      set  HorizontalArrangement1 ▾ . HeightPercent ▾  to  15
      set  Label1 ▾ . FontSize ▾  to  40
```

스크린1이 초기화될 때

　실행하기. 레이블1 보임 여부 설정 : 거짓 // 문구가 안 보이게

　　　　　수평정렬레이아웃1 보임 여부 설정 : 거짓 // 색상 변경 버튼들이 안 보이게

　　　　　레이블1 너비 퍼센트 설정 : 100 // 가득 차도록

　　　　　레이블1 높이 퍼센트 설정 : 85 // 나머지 15%는 색상 변경 버튼이 차지

　　　　　수평정렬레이아웃1 너비 퍼센트 설정 : 100

　　　　　수평정렬레이아웃1 높이 퍼센트 설정 : 15

　　　　　레이블1 글씨크기 설정 : 40 // 임의 설정

```
when  Button1 ▾ .Click
do    set  TextBox1 ▾ . Visible ▾  to  false ▾
      set  Button1 ▾ . Visible ▾  to  false ▾
      set  Label1 ▾ . Visible ▾  to  true ▾
      set  HorizontalArrangement1 ▾ . Visible ▾  to  true ▾
```

버튼1이 클릭했을 때

　실행하기. 글상자1 보임 여부 설정 : 거짓 // 이번엔 글상자가 안 보이고

　　　　　버튼1 보임 여부 설정 : 거짓 // 버튼도 안 보이고

　　　　　레이블1 보임 여부 설정 : 참 // 레이블의 문구가 보이게

　　　　　수평정렬레이아웃1 보임 여부 설정 : 참 // 색상 변경 버튼들도 보이게

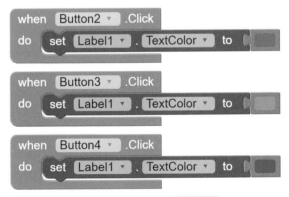

```
when  Button2 ▾ .Click
do    set  Label1 ▾ . TextColor ▾  to  ▨

when  Button3 ▾ .Click
do    set  Label1 ▾ . TextColor ▾  to  ▨

when  Button4 ▾ .Click
do    set  Label1 ▾ . TextColor ▾  to  ▨
```

버튼2 / 버튼3 / 버튼4를 눌렀을 때

　실행하기. 레이블1. 텍스트 색상 설정 : 빨강 초록 파랑

뒤로가기를 눌렀을 때
   실행하기. 글상자1 보임 여부 설정 : 참 // 다시 글상자가 보여서 문구 수정 할 수 있도록 ㅂ
       튼1 보임 여부 설정 : 참 // 버튼도 다시 짠!
       레이블1 보임 여부 설정 : 거짓 // 레이블의 문구만 숨기기
       수평정렬레이아웃1 보임 여부 설정 : 거짓 // 색상 변경 버튼 다시 안 보이게

잠깐!

계속 어떤 블록이 계속 반복되지 않나요? 이거 너무 귀찮지 않나요?

바로 함수procedure 명령어로 해결할 수 있습니다.

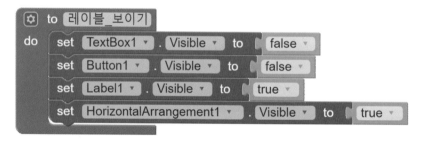

함수 : 레이블보이기를 실행하면
   글상자1 보임 여부 설정 : 거짓 // 이번엔 글상자가 안 보이고
   버튼1 보임 여부 설정 : 거짓 // 버튼도 안 보이고
   레이블1 보임 여부 설정 : 참 // 레이블의 문구가 보이게
   수평정렬레이아웃1 보임 여부 설정 : 참 // 색상 변경 버튼들도 보이게

버튼1을 클릭했을 때
   실행하기 : 함수 : 레이블 보이기 호출하기

왜 만드나
(개발의도)

글씨 크기가 바뀌는 응원 문구 어플입니다.

뭘 써서 만드나
(사용 컴포넌트-팔레트)

User Interface - Button1, 2, 3
User Interface - Textbox1
User Interface - Label1
Layout - HorizontalArrangement1, 2

뭐가 필요한가
(준비물)

없음

어떻게 만드니
(코딩 시작)

① Designer

컴포넌트	속성 | 스크린1
스크린1	상태바, 타이틀 보임 설정 해제
└ 글상자1	**속성 | 버튼1**
└ 버튼1	문구 설정 : 입력
└ 레이블1	**속성 | 레이블1**
└ 수평정렬레이아웃1	문구 설정 : 널 응원해!
└ 버튼2	**속성 | 버튼2, 3**
└ 버튼3	문구 설정 : 글씨크게, 글씨작게

② Blocks 코딩

```
when  Screen1 ▾ .Initialize
do   call  레이블_보이지_않기 ▾
     set  Label1 ▾ . WidthPercent ▾  to  100
     set  Label1 ▾ . HeightPercent ▾  to  85
     set  HorizontalArrangement1 ▾ . WidthPercent ▾  to  100
     set  HorizontalArrangement1 ▾ . HeightPercent ▾  to  15
     set  Label1 ▾ . FontSize ▾  to  get  global 글씨크기 ▾
```

스크린1이 초기화될 때
실행하기. 레이블 보이지 않기 함수 호출
　　　레이블1 너비 퍼센트 설정 : 100
　　　레이블1 높이 퍼센트 설정 : 85
　　　수평정렬레이아웃1 너비 퍼센트 설정 : 100
　　　수평정렬레이아웃1 높이 퍼센트 설정 : 15
　　　레이블1 글씨크기 설정 : 전역변수 -글씨크기 - 변수값 가져오기


```
when  Button1 ▾ .Click
do   call  레이블_보이기 ▾
```

버튼1을 클릭했을 때
실행하기 : 함수 : 레이블 보이기 호출하기


```
when  Screen1 ▾ .BackPressed
do   call  레이블_보이지_않기 ▾
```

뒤로가기를 클릭했을 때
실행하기 : 함수 : 레이블 보이지 않기 호출하기


```
to 레이블_보이기
do   set  TextBox1 ▾ . Visible ▾  to  false ▾
     set  Button1 ▾ . Visible ▾  to  false ▾
     set  Label1 ▾ . Visible ▾  to  true ▾
     set  HorizontalArrangement1 ▾ . Visible ▾  to  true ▾
```

함수 : 레이블보이기를 실행하면
글상자1 보임 여부 설정 : 거짓
버튼1 보임 여부 설정 : 거짓
레이블1 보임 여부 설정 : 참
수평정렬레이아웃1 보임 여부 설정 : 참

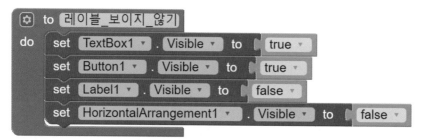

함수 : 레이블보이기를 실행하면
  글상자1 보임 여부 설정 : 참
  버튼1 보임 여부 설정 : 참
  레이블1 보임 여부 설정 : 거짓
  수평정렬레이아웃1 보임 여부 설정 : 거짓

 변수 명령어는
이번 프로젝트에서 처음 사용합니다.

initialize global 글씨크기 to 40

전역변수 글씨크기 초기값 설정 : 40

when Button3 .Click
do set global 글씨크기 to get global 글씨크기 + -2
   set Label1 . FontSize to get global 글씨크기

버튼2를 클릭했을 때
  실행하기. 글씨크기 값 설정 : 글씨크기 변수값 + 2
    레이블1 너비 퍼센트 설정 : 글씨크기 변수값

when Button2 .Click
do set global 글씨크기 to get global 글씨크기 + 2
   set Label1 . FontSize to get global 글씨크기

버튼2를 클릭했을 때
  실행하기. 글씨크기 값 설정 : 글씨크기 변수값 + (-2) // 빼기 블록도 있습니다
    레이블1 너비 퍼센트 설정 : 글씨크기 변수값

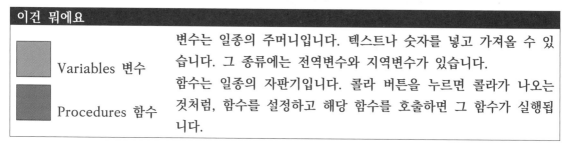

이건 뭐에요

Variables 변수	변수는 일종의 주머니입니다. 텍스트나 숫자를 넣고 가져올 수 있습니다. 그 종류에는 전역변수와 지역변수가 있습니다.
Procedures 함수	함수는 일종의 자판기입니다. 콜라 버튼을 누르면 콜라가 나오는 것처럼, 함수를 설정하고 해당 함수를 호출하면 그 함수가 실행됩니다.

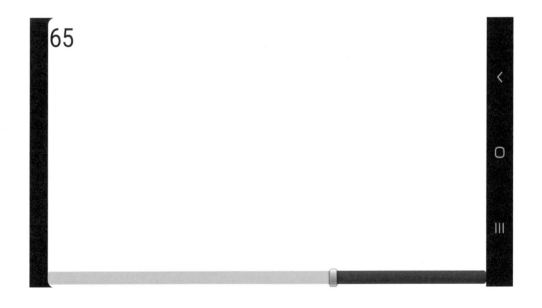

65

왜 만드나
(개발의도)

숫자를 딱 보여주는 어플입니다. 축구선수 교체 등에서 사용할 수 있습니다.

뭘 써서 만드나
(사용 컴포넌트-팔레트)

User Interface - Label1
User Interface - Slide1

뭐가 필요한가
(준비물)

없음

어떻게 만드니
(코딩 시작)

① Designer

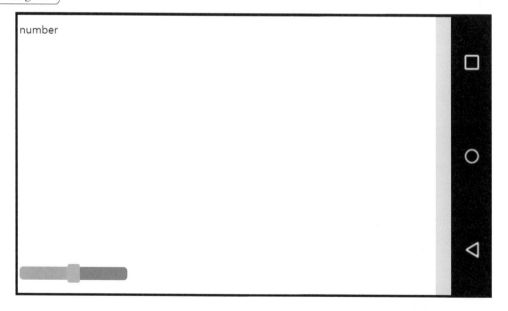

컴포넌트
스크린1
  └ 레이블1
  └ 슬라이더1

속성 | 스크린1
상태바, 타이틀 보임 설정 해제

속성 | 레이블1
너비 높이 : Fill parent
문구 설정 : number

속성 | 슬라이더1
너비 : Fill parent
최대치 : 100 최소치 : 0
썸네일위치 : 50

②  코딩

스크린1이 초기화되었을 때
  실행하기. 레이블1 글씨 크기 설정 : 40

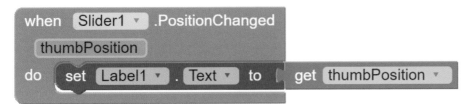

슬라이더1의 썸네일 위치가 변경되었을 때
  실행하기. 레이블1 문구 설정 : 슬라이더1 썸네일의 위치값

왜 만드나
(개발의도)

너, 경고! 레드카드!!

뭘 써서 만드나
(사용 컴포넌트-팔레트)

없음

뭐가 필요한가
(준비물)

없음

어떻게 만드니
(코딩 시작)

① Designer

컴포넌트

스크린1

속성 | 스크린1
배경색상 : 빨강
스크린방향 : Portrait
상태바 보임 설정 해제
타이틀 보임 설정 해제

☆ 끝났습니다. 뭐 이런 어플도 하나 있어야하지 않겠습니까.

사진찍기

왜 만드나
(개발의도)

사진을 찍어보겠습니다.

뭘 써서 만드나
(사용 컴포넌트-팔레트)

User Interface - Button1

Drawing and Animation1

Media - Camera1

뭐가 필요한가
(준비물)

없음

어떻게 만드니
(코딩 시작)

① Designer

사진찍기

컴포넌트
스크린1
└ 버튼1
└ 카메라1

속성 | 스크린1
상태바 보임 설정 해제
타이틀 보임 설정 해제

속성 | 버튼1
문구 설정 : 사진찍기

속성 | 캔버스1
높이 너비 : Fill parent

※카메라 컴포넌트는 뷰어에서 보이지
않습니다.

Non-visible components

Camera1

② Blocks 코딩

버튼1을 클릭했을 때
　실행하기. 카메라1의 사진찍기 기능 호출하기

카메라1이 사진찍기를 실행할 후
　실행하기. 캔버스1의 배경 이미지 설정 : 찍은 이미지

골라골라사진골라

왜 만드나
(개발의도)

사진을 골라보겠습니다.

뭘 써서 만드나
(사용 컴포넌트-팔레트)

Media - Imagepicker1
Drawing and Animation - Canvas1

뭐가 필요한가
(준비물)

없음

어떻게 만드니
(코딩 시작)

① Designer

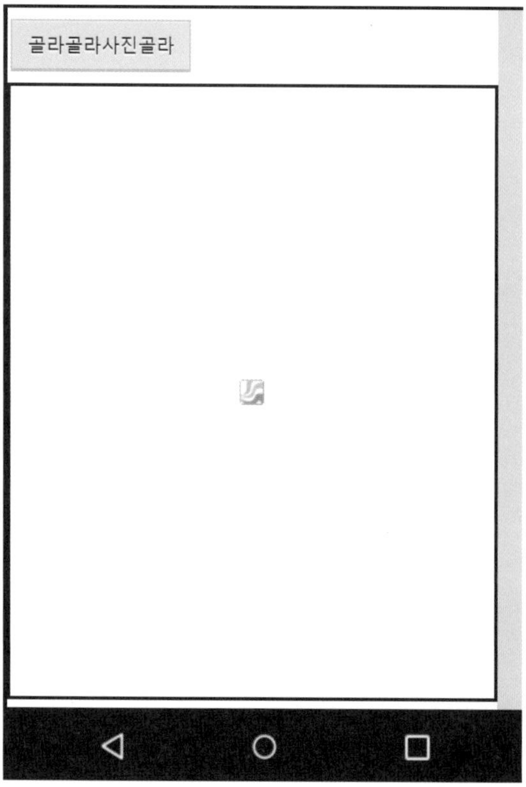

| 골라골라사진골라 |

컴포넌트
스크린1
└ 이미지픽컬1
└ 캔버스1

속성 | 스크린1
상태바 보임 설정 해제
타이틀 보임 설정 해제

속성 | 이미지픽컬1
문구 설정 : 골라골라사진골라

속성 | 캔버스1
높이 너비 설정 : Fill parent

② Blocks 코딩

```
when ImagePicker1 ▼ .AfterPicking
do  set Canvas1 ▼ . BackgroundImage ▼ to  ImagePicker1 ▼ . Selection ▼
```

이미지피컬1이 이미지피킹한 후
 실행하기. 캔버스1의 배경이미지 설정 : 이미지피컬1의 선택항목

 이미지픽컬 컴포넌트에는 클릭 기능이 들어있습니다.

별도의 이벤트핸들러 설정 없이도 이미지피킹이 가능합니다.

2019 SINKEY

미래 사회의 주인공인 우리 아이들에게 필요한 교육은 과연 무엇일까

노래해 노래해

그만해

노래 재생 전

스마트폰에게 노래를 시켜보겠습니다.

뭘 써서 만드나
(사용 컴포넌트-팔레트)

User Interface - Button1, 2

User Interface - Label1

Media - Player1

뭐가 필요한가
(준비물)

음원(5MB 이하) https://bit.ly/100apps_sound

어떻게 만드니
(코딩 시작)

① Designer

	컴포넌트
노래해 노래해	스크린1
그만해	└ 버튼1
노래 재생 전	└ 버튼2
	└ 레이블1
	└ 플레이어1

속성 | 스크린1

상태바, 타이틀 보임 설정 해제

속성 | 버튼1

문구 설정 : 노래해 노래해

속성 | 버튼2

문구 설정 : 그만해

속성 | 레이블1

문구 설정 : 노래 재생 전

속성 | 플레이어1

음원 : music1.mp3

② Blocks 코딩

```
when Button1 .Click
do   set Label1 . Text to " 노래 재생중 "
     call Player1 .Start
```

버튼1을 클릭했을 때
　실행하기. 레이블1 문구 설정 : 노래 재생중
　　　플레이어1의 재생 시작 기능 호출하기

```
when Button2 .Click
do   set Label1 . Text to " 노래 멈춤 "
     call Player1 .Stop
```

버튼2을 클릭했을 때
　실행하기. 레이블1 문구 설정 : 노래 멈춤
　　　플레이어1의 재생 정지 기능 호출하기

```
when Player1 .Completed
do   set Label1 . Text to " 노래 끝 "
```

플레이어1이 완료되었을 때
　실행하기. 레이블1 문구 설정 : 노래 끝

이건 뭐에요

저작권 걱정 없고 무료로 음원을 이용할 수 있는 방법이 많이 있습니다.
대표적으로 유튜브 스튜디오 내의 [오디오 보관함]이 있습니다.
https://studio.youtube.com/

🎵 오디오 보관함

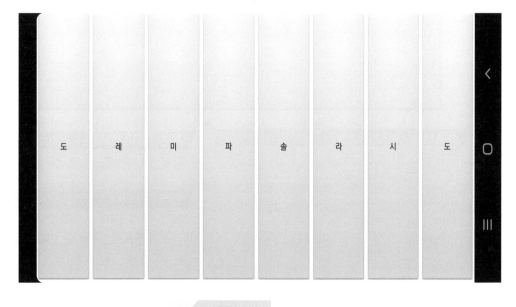

왜 만드나
(개발의도)

스마트폰으로 피아노를 칠 수 있습니다. 도레미♬

뭘 써서 만드나
(사용 컴포넌트-팔레트)

User Interface - Button1,2,3,4,5,6,7,8
Media - Sound1

뭐가 필요한가
(준비물)

피아노 연주 음원 https://bit.ly/100apps_sound

어떻게 만드니
(코딩 시작)

① Designer

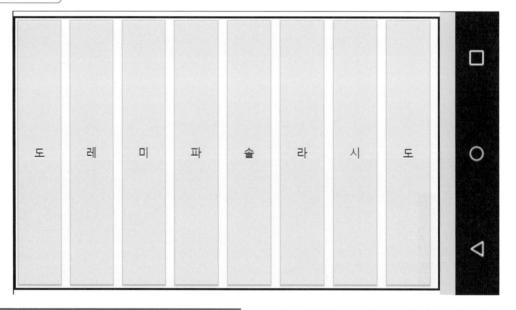

컴포넌트

스크린1
└ 수평정렬레이아웃1
└ 버튼1
└ 버튼2 ... 버튼7
└ 버튼8
└ 사운드1

속성 | 스크린1

상태바, 타이틀 보임 설정 해제

속성 | 버튼1, 2, 3, 4, 5, 6, 7, 8

너비 높이 설정 : Fill parent
 ※자동으로 너비가 1/8씩 차지하게 됨
문구 설정 : 도, 레, 미, ..., 라, 시, 도

a. 사운드 컴포넌트는 뷰어에서 보이지 않는 Non-visible component입니다.

② [Blocks] 코딩

버튼1을 클릭했을 때
　실행하기. 사운드1의 음원 설정 : 1.MP3
　　사운드1 재생 기능 호출하기

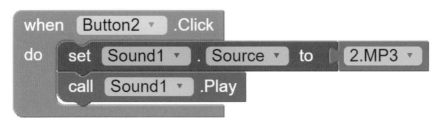

버튼2을 클릭했을 때
　실행하기. 사운드1의 음원 설정 : 2.MP3
　　사운드1 재생 기능 호출하기

버튼3에서 버튼7까지 동일합니다

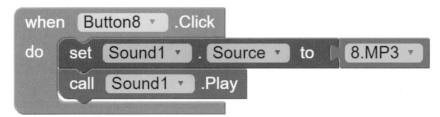

버튼8을 클릭했을 때
　실행하기. 사운드1의 음원 설정 : 8.MP3
　　사운드1 재생 기능 호출하기

■ 소리는 여기에

https://bit.ly/100apps_sound

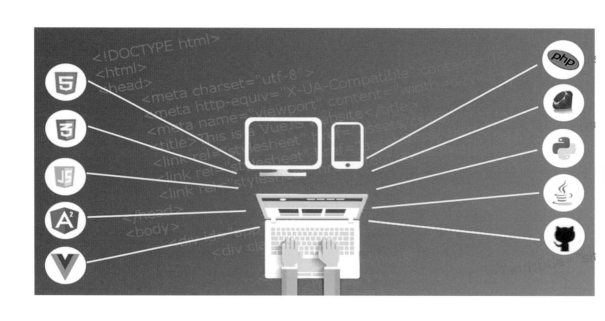

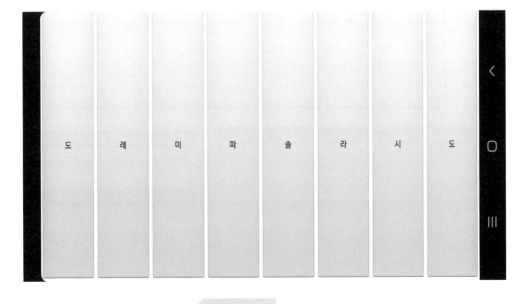

왜 만드나
(개발의도)

프로젝트32의 쌍둥이 어플입니다. 블록코딩을 바꿔보겠습니다.

뭘 써서 만드나
(사용 컴포넌트-팔레트)

User Interface – Button1,2,3,4,5,6,7,8

Media – Sound1

뭐가 필요한가
(준비물)

피아노 연주 음원

어떻게 만드니
(코딩 시작)

① Designer

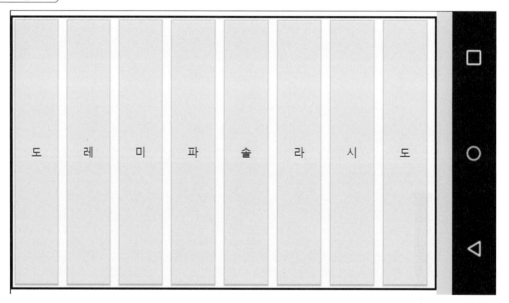

컴포넌트

스크린1

  ㄴ 수평정렬레이아웃1

  ㄴ 버튼1

  ㄴ 버튼2 ... 버튼7

  ㄴ 버튼8

  ㄴ 사운드1

속성 | 스크린1

상태바, 타이틀 보임 설정 해제

속성 | 버튼1, 2, 3, 4, 5, 6, 7, 8

너비 높이 설정 : Fill parent

  ※자동으로 너비가 1/8씩 차지하게 됨

문구 설정 : 도, 레, 미, ..., 라, 시, 도

a. 디자이너 부분은 프로젝트32와 같습니다.

② Blocks 코딩

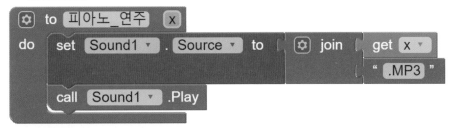

피아노 연주 함수 설정하기
   사운드1 음원 설정 : 텍스트 조합하기 : x값 가져오기
                                  .mp3

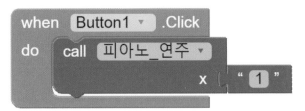

버튼1을 클릭했을 때
   실행하기. 피아노 연주 함수 호출하기
      x값 설정 : 1

버튼2을 클릭했을 때
   실행하기. 피아노 연주 함수 호출하기
      x값 설정 : 2

버튼3에서 버튼7까지 동일합니다

버튼8을 클릭했을 때
   실행하기. 피아노 연주 함수 호출하기
      x값 설정 : 8

왜 만드나
(개발의도)

동물 소리를 들어볼까요

뭘 써서 만드나
(사용 컴포넌트-팔레트)

User Interface - Button1, 2, 3, 4
Layout - TableArrangement1
Media - Sound1

뭐가 필요한가
(준비물)

동물 소리 음원 4개 https://bit.ly/100apps_sound
동물 증명사진 4개 https://bit.ly/100apps_image

어떻게 만드니
(코딩 시작)

① [Designer]

컴포넌트

스크린1
  └ 테이블정렬레이아웃1
  └ 버튼1
  └ 버튼2
  └ 버튼3
  └ 버튼4
  └ 사운드1

속성 | 스크린1
상태바, 타이틀 보임 설정 해제

속성 | 테이블정렬레이아웃1
행, 열 설정 : 각각 2
너비, 높이 설정 : Fill parent

속성 | 버튼1, 2, 3, 4
너비, 높이 설정 : 각각 50%
이미지 설정 : 각 동물사진

미디어
동물 이미지 파일 4개
동물 사운드 파일 4개

```
when Button1 .Click
do  set Sound1 . Source to   meow.mp3
    call Sound1 .Play
```

버튼1을 클릭했을 때
　실행하기. 사운드1 음원 설정 : meow.mp3
　　사운드1의 재생 기능 호출하기

```
when Button2 .Click
do  set Sound1 . Source to   roar.wav
    call Sound1 .Play
```

버튼2을 클릭했을 때
　실행하기. 사운드1 음원 설정 : roar.wav
　　사운드1의 재생 기능 호출하기

```
when Button3 .Click
do  set Sound1 . Source to   bowwow.MP3
    call Sound1 .Play
```

버튼3을 클릭했을 때
　실행하기. 사운드1 음원 설정 : bowwow.mp3
　　사운드1의 재생 기능 호출하기

```
when Button4 .Click
do  set Sound1 . Source to   baa.MP3
    call Sound1 .Play
```

버튼4을 클릭했을 때
　실행하기. 사운드1 음원 설정 : baa.mp3
　　사운드1의 재생 기능 호출하기

녹음 시작

녹음 종료

결과 재생

재생 종료

대기중

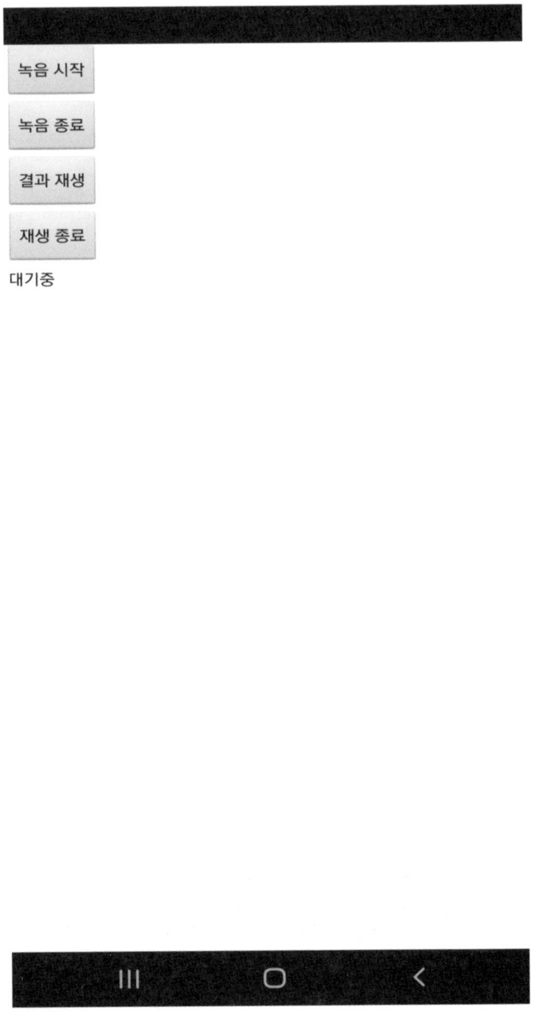

왜 만드나
(개발의도)

목소리를 녹음해보겠습니다. 사실 노래나 소음 등 스마트폰 마이크로 들어가는 소리신호는 다 녹음됩니다. 내 목소리 듣고 놀라지 않기.

뭘 써서 만드나
(사용 컴포넌트-팔레트)

User Interface - Button1, 2, 3, 4
User Interface - Label1
Media - Sound1

뭐가 필요한가
(준비물)

없음

어떻게 만드니
(코딩 시작)

① Designer

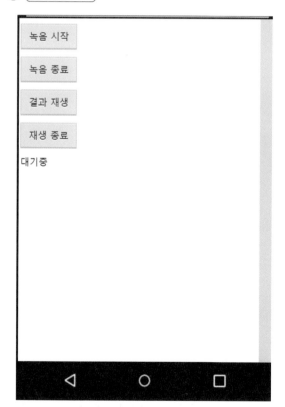

컴포넌트
스크린1
  ㄴ 버튼1
  ㄴ 버튼2
  ㄴ 버튼3
  ㄴ 버튼4
  ㄴ 레이블1
  ㄴ 사운드녹음기1
  ㄴ 사운드1

속성 | 스크린1
상태바, 타이틀 보임 설정 해제

속성 | 버튼1, 2, 3, 4
문구 설정 : 녹음 시작, 녹음 종료,
            결과 재생, 재생 종료

속성 | 레이블1
문구 설정 : 대기중

a. 사운드 컴포넌트와 사운드녹음기 컴포넌트는 Non-visible component입니다.

② [Blocks] 코딩

```
when Button1 ▼ .Click
do    set Label1 ▼ . Text ▼ to   " 녹음중 "
      call SoundRecorder1 ▼ .Start
```

버튼1을 클릭했을 때
　실행하기. 레이블1 문구 설정 : 녹음중
　　　　　사운드녹음기1 시작 기능 호출하기

```
when Button2 ▼ .Click
do    set Label1 ▼ . Text ▼ to   " 녹음끝 "
      call SoundRecorder1 ▼ .Stop
```

버튼2을 클릭했을 때
　실행하기. 레이블1 문구 설정 : 녹음끝
　　　　　사운드녹음기1 정지 기능 호출하기

```
when Button3 ▼ .Click
do    set Label1 ▼ . Text ▼ to   " 결과 재생중 "
      call Sound1 ▼ .Play
```

버튼3을 클릭했을 때
　실행하기. 레이블1 문구 설정 : 결과 재생중
　　　　　사운드1 재생 기능 호출하기

```
when Button4 ▼ .Click
do    set Label1 ▼ . Text ▼ to   " 재생 종료 "
      call Sound1 ▼ .Stop
```

버튼4을 클릭했을 때
　실행하기. 레이블1 문구 설정 : 결과 재생중
　　　　　사운드1 정지 기능 호출하기

```
when SoundRecorder1 ▼ .AfterSoundRecorded
  sound
do    set Sound1 ▼ . Source ▼ to   get sound ▼
```

사운드녹음기1이 사운드녹음을 마쳤을 때
　실행하기. 사운드1의 음원 설정 : 사운드녹음기1의 결과 가져오기

대기중

누르면서 말하기

스마트폰에게 받아쓰기를 시켜보겠습니다.

그래서 프로젝트 이름도 Speech To Text.

뭘 써서 만드나
(사용 컴포넌트-팔레트)

User Interface - Button1, 2, 3, 4

User Interface - Label1

Media - Sound1

뭐가 필요한가
(준비물)

꾀꼬리 같은 목소리

어떻게 만드니
(코딩 시작)

① Designer

대기중	컴포넌트
누르면서 말하기	스크린1
	└ 레이블1
	└ 버튼1
	└ 음성인식기1

컴포넌트

스크린1
 └ 레이블1
 └ 버튼1
 └ 음성인식기1

속성 | 스크린1
상태바, 타이틀 보임 설정 해제

속성 | 레이블1
문구 설정 : 대기중

속성 | 버튼1
문구 설정 : 누르면서 말하기

a. 음성인식기 컴포넌트는 Non-visible component입니다.

②  코딩

버튼1을 터치다운했을 때
　실행하기. 음성인식기1 텍스트 추출 기능 호출하기

버튼1을 터치업했을 때
　실행하기. 음성인식기1 텍스트 추출 기능 호출하기

음성인식기1가 텍스트 추출을 마쳤을 때
　실행하기. 레이블1의 문구 설정 : 결과값

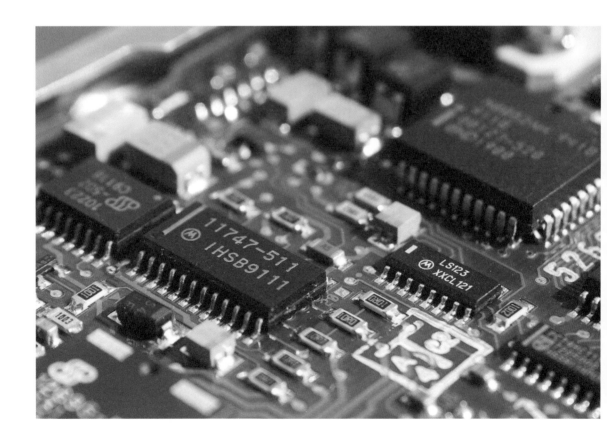

읽어주세요

스마트폰에게 받아읽기?를 시켜보겠습니다. 불러주는거 쓰면 받아쓰기니까 써준거 읽으면 받아읽기 아닐까요

뭘 써서 만드나
(사용 컴포넌트-팔레트)

User Interface - Textbox1

User Interface - Button1

Media - TextToSpeech1

뭐가 필요한가
(준비물)

없음

어떻게 만드니
(코딩 시작)

① Designer

컴포넌트
스크린1
└ 글상자1
└ 버튼1
└ TTS1

속성	스크린1
상태바, 타이틀 보임 설정 해제

속성	버튼1
문구 설정 : 읽어주세요

읽어주세요

a. TTS 컴포넌트는 Non-visible component입니다.

② (Blocks) 코딩

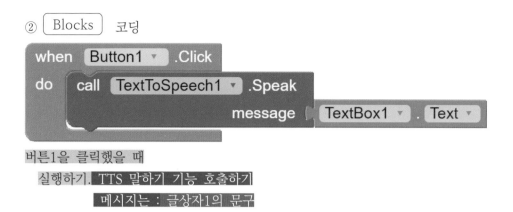

버튼1을 클릭했을 때
　실행하기. TTS 말하기 기능 호출하기
　　　메시지는 : 글상자1의 문구

한글을 배워요

가	나	다
라	마	바
사	아	자
차	카	타
파	하	

글로벌 한류시대! 스마트폰으로 한글을 공부할 수 있습니다. 따라해봐요, 가나다!

Layout - TableArrangement1

User Interface - Button1, 2, 3, 4, 5, 6, 7, 8, 9, 10, 11, 12, 13, 14

Media - TextToSpeech1

없음

① Designer

한글을 배워요	컴포넌트
가 나 다	스크린1
라 마 바	└ 레이블1
사 아 자	└ 테이블정렬레이아웃1
차 카 타	└ 버튼1 … 버튼14
파 하	└ TTS1

컴포넌트

스크린1
  └ 레이블1
  └ 테이블정렬레이아웃1
    └ 버튼1 … 버튼14
  └ TTS1

속성 | 스크린1

상태바, 타이틀 보임 설정 해제

속성 | 레이블1

글자 크기 설정 : 40
문구 설정 : 한글을 배워요

속성 | 버튼1 … 14

너비, 높이 설정 : Fill parent
문구 설정 : 가, 나, 다, … 파, 하

a. TTS 컴포넌트는 Non-visible component입니다.

② (Blocks) 코딩

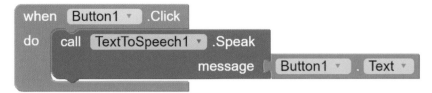

버튼1을 클릭했을 때
　실행하기. TTS 말하기 기능 호출하기
　　　메시지 설정 : 버튼1의 문구 // 텍스트를 설정해도 되나 버튼 문구와 중복되니까

버튼2을 클릭했을 때
　실행하기. TTS 말하기 기능 호출하기
　　　메시지 설정 : 버튼2의 문구 // "나"입니다.

버튼3에서 버튼13까지 동일합니다.

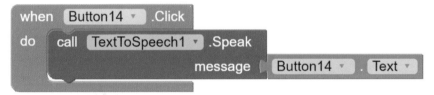

버튼14을 클릭했을 때
　실행하기. TTS 말하기 기능 호출하기
　　　메시지 설정 : 버튼14의 문구 // "하"입니다.

 TTS라서 발음이 많이 어색합니다.
　　　가, 나, 다 소리를 실제 사람의 목소리 음원으로 설정할 수도 있습니다.

프로젝트39_inSpanish

안녕하세요
English
Español
Français
Hola

안녕하세요
English
Español
Français
Bonjour

왜 만드나
(개발의도)

한국어를 다른 나라 언어로 번역하는 어플입니다.

뭘 써서 만드나
(사용 컴포넌트-팔레트)

User Interface - Button1, 2, 3

User Interface - Textbox1

Layout - HorizontalAttangement1

User Interface - Label1

Media - Translator1

뭐가 필요한가
(준비물)

없음

어떻게 만드니
(코딩 시작)

① Designer

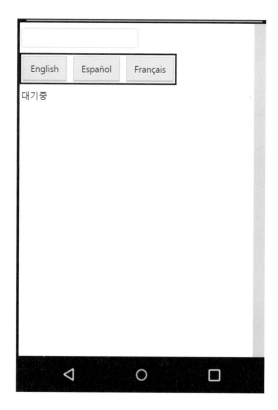

컴포넌트

스크린1

└ **글상자1**

└ **수평정렬레이아웃1**

   └ **버튼1**

   └ **버튼2**

   └ **버튼3**

└ **레이블1**

└ **번역기1**

속성 | 스크린1

상태바, 타이틀 보임 설정 해제

속성 | 버튼1

문구 설정 : English

속성 | 버튼2

문구 설정 : Español

속성 | 버튼3

문구 설정 : Français

a. Translator 컴포넌트는 Non-visible component입니다.

154

② Blocks 코딩

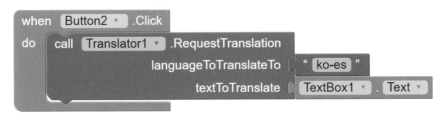

버튼1을 클릭했을 때
　실행하기. 번역기1의 번역 요청 기능 호출하기
　　　　　바꾸고자 하는 언어 설정 : ko-en // 한국어를 영어로
　　　　　바꾸고자 하는 문구 설정 : 글상자1의 문구

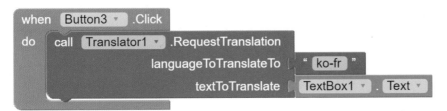

버튼2을 클릭했을 때
　실행하기. 번역기1의 번역 요청 기능 호출하기
　　　　　바꾸고자 하는 언어 설정 : ko-es // 한국어를 스페인어로
　　　　　바꾸고자 하는 문구 설정 : 글상자1의 문구

버튼3을 클릭했을 때
　실행하기. 번역기1의 번역 요청 기능 호출하기
　　　　　바꾸고자 하는 언어 설정 : ko-fr // 한국어를 프랑스어로
　　　　　바꾸고자 하는 문구 설정 : 글상자1의 문구

when Translator1 ▾ .GotTranslation
　responseCode　translation
do　set Label1 ▾ . Text ▾ to　get translation ▾

번역기1이 번역값을 받았을 때
　실행하기. 레이블1의 문구 설정 : 번역값

왜 만드나
(개발의도)

스마트폰에 내장된 비디오를 볼 수 있는 어플입니다.

뭘 써서 만드나
(사용 컴포넌트-팔레트)

User Interface - Button1, 2, 3
Layout - HorizontalAttangement1
User Interface - Label1
Media - Videoplayer1

뭐가 필요한가
(준비물)

비디오 음원

어떻게 만드니
(코딩 시작)

① Designer

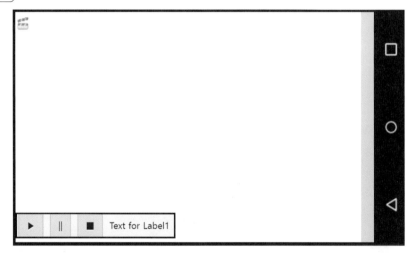

컴포넌트

스크린1
　└ 비디오재생기1
　└ 수평정렬레이아웃1
　　└ 버튼1
　　└ 버튼2
　　└ 버튼3
　　└ 레이블1

속성 | 스크린1
상태바, 타이틀 보임 설정 해제

속성 | 수평정렬레이아웃1
수직정렬 : 가운데

속성 | 버튼1, 2, 3
문구 설정 : ▶ , ‖ , ■

② Blocks 코딩

```
when Screen1 .Initialize
do  set VideoPlayer1 . Source . to   Scuba.mp4 .
    set Label1 . Text . to  " 대기중 "
```

스크린1이 초기화되었을 때
　　실행하기. 비디오플리에어1의 소스 설정 : Scuba.mp4
　　　　　　　레이블1 문구 설정 : 대기중

```
when Button1 .Click
do  call playing .
```

버튼1을 클릭했을 때
　　실행하기. playing 함수 호출하기

```
when Button2 .Click
do  call pausing .
```

버튼2을 클릭했을 때
　　실행하기. pausing 함수 호출하기

```
when Button3 .Click
do  call stopping .
```

버튼2을 클릭했을 때
　　실행하기. stopping 함수 호출하기

```
when VideoPlayer1 .Completed
do  set Label1 . Text . to  " 재생 종료 "
```

비디오플레이어1의 재생이 종료되었을 때
　　실행하기. 레이블1 문구 설정 : 재생 종료

```
to playing
do  call VideoPlayer1 .Start
    set Label1 . Text . to  " 재생중 "
    set Button1 . Visible . to  false .
    set Button2 . Visible . to  true .
    set Button3 . Visible . to  true .
```

playing 함수는 다음과 같다
　　비디오플레이어1의 재생 기능 호출
　　레이블1 문구 설정 : 재생중
　　버튼1 보임 여부 : 거짓 // 재생 중이니까 재생 버튼을 숨깁니다.
　　버튼2 보임 여부 : 거짓 // 재생 중이니까 일시정지 버튼은 보이게 합니다.
　　버튼3 보임 여부 : 거짓 // 재생 중이니까 정지 버튼 역시 보이게 합니다.

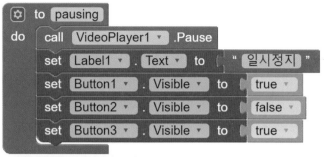

pausing 함수는 다음과 같다
비디오플레이어1의 일시 정지 기능 호출
레이블1 문구 설정 : 일시정지
버튼1 보임 여부 : 참 // 다시 재생하기 위해 보이게 합니다.
버튼2 보임 여부 : 거짓 // 현재 일시정지 중이니까 안 보이게 합니다.
버튼3 보임 여부 : 참 // 정지 버튼 역시 보이게 합니다.

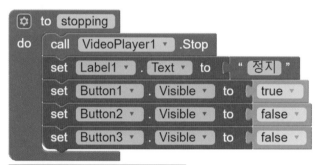

stopping 함수는 다음과 같다
비디오플레이어1의 정지 기능 호출
레이블1 문구 설정 : 정지
버튼1 보임 여부 : 참 // 다시 재생하기 위해 보이게 합니다.
버튼2 보임 여부 : 거짓 // 이미 정지했으니까 안 보이게 합니다.
버튼3 보임 여부 : 거짓 // 이미 정지했으니까 안 보이게 합니다.

■ 동영상은 여기에

https://bit.ly/100apps_movie_clip

영상찍기

왜 만드나
(개발의도)

영상을 찍어보겠습니다.

뭘 써서 만드나
(사용 컴포넌트-팔레트)

User Interface - Button1
Media - Camcorder1

뭐가 필요한가
(준비물)

없음

어떻게 만드니
(코딩 시작)

① Designer

컴포넌트
스크린1
 └ 버튼1
 └ 캠코더1

속성 | 스크린1
상태바 보임 설정 해제
타이틀 보임 설정 해제

속성 | 버튼1
문구 설정 : 영상찍기

※캠코더 컴포넌트는 뷰어에서 보이지
 않습니다.

Non-visible components

Camcorder1

② Blocks 코딩

```
when Button1 ▾ .Click
do   call Camcorder1 ▾ .RecordVideo
```

버튼1을 클릭했을 때
　실행하기. 캠코더1의 비디오기록 기능 호출하기

지우기

왜 만드나
(개발의도)

손으로 글이나 그림을 그릴 수 있는 낙서장 어플입니다.

뭘 써서 만드나
(사용 컴포넌트-팔레트)

User Interface - Button1
Drawing and Animation - Canvas

뭐가 필요한가
(준비물)

없음

어떻게 만드니
(코딩 시작)

① Designer

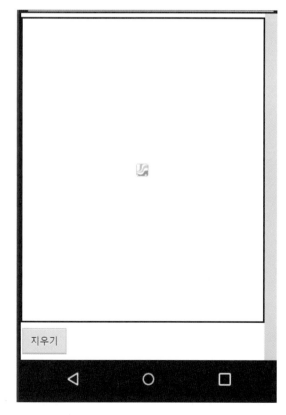

컴포넌트
스크린1
　ㄴ 캔버스1
　ㄴ 버튼1

속성 | 스크린1
상태바 보임 설정 해제
타이틀 보임 설정 해제

속성 | 버튼1
문구 설정 : 지우기

a. 스크린 방향을 가로(Landscape)로 설정해도 좋겠습니다.
　- 보통 스케치북도 옆으로 넓게 펼치잖아요.

② ⌜Blocks⌟ 코딩

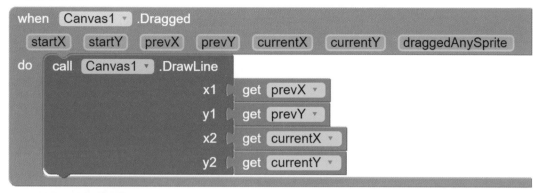

캔버스1을 드래그했을 때
　실행하기. 캔버스1. 선그리기 기능 호출하기
　　　　　　　　　　　　　　　x1 좌표값으로 : 이전x좌표
　　　　　　　　　　　　　　　y1 좌표값으로 : 이전y좌표
　　　　　　　　　　　　　　　x2 좌표값으로 : 현재x좌표
　　　　　　　　　　　　　　　y2 좌표값으로 : 현재y좌표

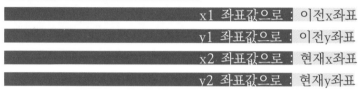

버튼1을 클릭했을 때
　실행하기. 캔버스1. 지우기 기능 호출하기

프로젝트43_coloring1

(개발의도)

프로젝트42에서 선의 색상과 굵기를 변경해보겠습니다.

뭘 써서 만드나
(사용 컴포넌트-팔레트)

User Interface - Button1, 2, 3, 4, 5, 6, 7

Layout - HorizontalArrangement1

Drawing and Animation - Canvas

뭐가 필요한가
(준비물)

없음

어떻게 만드니
(코딩 시작)

① Designer

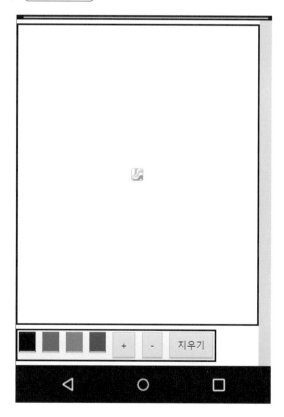

컴포넌트
스크린1
ㄴ 캔버스1
ㄴ 수평정렬레이아웃1
ㄴ 버튼1
ㄴ 버튼2
ㄴ 버튼3
ㄴ 버튼4
ㄴ 버튼5
ㄴ 버튼6
ㄴ 버튼7

속성 | 스크린1
상태바, 타이틀 보임 설정 해제

속성 | 버튼1, 2, 3, 4
배경색 설정 : 검정, 빨강, 초록, 파랑
문구 설정 : 빈칸

속성 | 버튼1, 2, 3, 4
문구 설정 : +, -, 지우기

a. 버튼이 많습니다. 컴포넌트 이름바꾸기를 이용하여, ▲검은선 ▲빨간선 등으로 이름을 바꾸면 헷갈리지 않습니다. 조금 귀찮지만 블록코딩까지 연결되니까 미리 하면 좋아요.

② [Blocks] 코딩

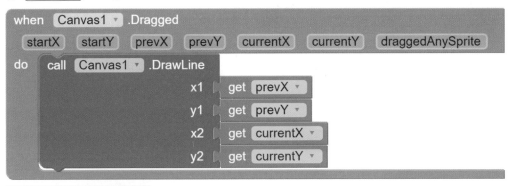

캔버스1을 드래그했을 때
　실행하기. 캔버스1. 선그리기 기능 호출하기

x1 좌표값으로 :	이전x좌표
y1 좌표값으로 :	이전y좌표
x2 좌표값으로 :	현재x좌표
y2 좌표값으로 :	현재y좌표

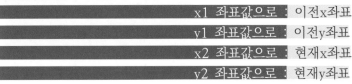

검은선 버튼을 클릭했을 때
　실행하기. 캔버스1. 페인트색상 설정 : ▮

빨간선 버튼을 클릭했을 때
　실행하기. 캔버스1. 페인트색상 설정 : ▮

when 초록선 ▾ .Click
do　set Canvas1 ▾ . PaintColor ▾ to ▮

초록선 버튼을 클릭했을 때
　실행하기. 캔버스1. 페인트색상 설정 : ▮

파란선 버튼을 클릭했을 때
　실행하기. 캔버스1. 페인트색상 설정 : ▮

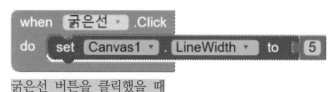

굵은선 버튼을 클릭했을 때
  실행하기. 캔버스1. 선너비 설정 :   5

가는선 버튼을 클릭했을 때
  실행하기. 캔버스1. 선너비 설정 :   2

※ 캔버스 선 굵기의 기본값은 2입니다.
  디자이너 - 캔버스 속성에서 확인 및 설정 변경 가능합니다.

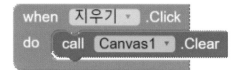

지우기 버튼을 클릭했을 때
  실행하기. 캔버스1. 지우기 기능 호출하기

색칠놀이 어플입니다.
프로젝트43에서 조금만 아주 조금만 수정합니다.

뭘 써서 만드나
(사용 컴포넌트-팔레트)
User Interface - Button1, 2, 3, 4, 5, 6, 7
Layout - HorizontalArrangement1
Drawing and Animation - Canvas

뭐가 필요한가
(준비물)

외곽선만 있는 이미지 파일

어떻게 만드니
(코딩 시작)

① Designer

컴포넌트

스크린1
 └ 캔버스1
 └ 수평정렬레이아웃1
  └ 버튼1
  └ 버튼2
  └ 버튼3
  └ 버튼4
  └ 버튼5
  └ 버튼6
  └ 버튼7

속성 | 스크린1
상태바, 타이틀 보임 설정 해제

속성 | 캔버스1
배경이미지 설정 : 44_line.jpg

속성 | 버튼1, 2, 3, 4
배경색 설정 : 검정, 빨강, 초록, 파랑
문구 설정 : 빈칸

속성 | 버튼1, 2, 3, 4
문구 설정 : +, -, 지우기

② [Blocks] 코딩

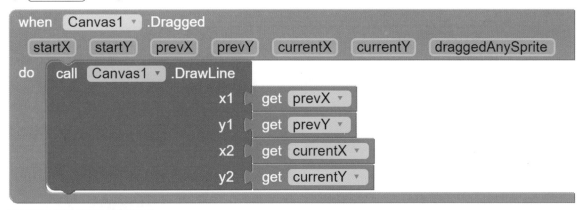

캔버스1을 드래그했을 때
　실행하기. 캔버스1. 선그리기 기능 호출하기
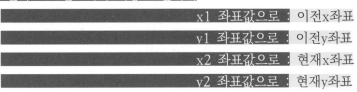
　　　　　　　　　　　　　　　x1 좌표값으로 : 이전x좌표
　　　　　　　　　　　　　　　y1 좌표값으로 : 이전y좌표
　　　　　　　　　　　　　　　x2 좌표값으로 : 현재x좌표
　　　　　　　　　　　　　　　y2 좌표값으로 : 현재y좌표

검은선 버튼을 클릭했을 때
　실행하기. 캔버스1. 페인트색상 설정 : ■■■

빨간선 버튼을 클릭했을 때
　실행하기. 캔버스1. 페인트색상 설정 : ■■■

초록선 버튼을 클릭했을 때
　실행하기. 캔버스1. 페인트색상 설정 : ■■■

```
when 파란선 ▾ .Click
do  set Canvas1 ▾ . PaintColor ▾ to [■]
```

파란선 버튼을 클릭했을 때
　실행하기. 캔버스1. 페인트색상 설정 : ■

```
when 굵은선 ▾ .Click
do  set Canvas1 ▾ . LineWidth ▾ to [ 5 ]
```

굵은선 버튼을 클릭했을 때
　실행하기. 캔버스1. 선너비 설정 :   5

```
when 가는선 ▾ .Click
do  set Canvas1 ▾ . LineWidth ▾ to [ 2 ]
```

가는선 버튼을 클릭했을 때
　실행하기. 캔버스1. 선너비 설정 :   2

※ 캔버스 선 굵기의 기본값은 2입니다.
　디자이너 - 캔버스 속성에서 확인 및 설정 변경 가능합니다.

```
when 지우기 ▾ .Click
do  call Canvas1 ▾ .Clear
```

지우기 버튼을 클릭했을 때
　실행하기. 캔버스1. 지우기 기능 호출하기

■ 그림은 여기에

https://bit.ly/100apps_image

왜 만드나
(개발의도)

사실 캔버스에는 굉장히 재미있는 기능들이 있습니다. 한번씩 해봤던 공 튀기기 게임, 지금 스마트폰으로 만들어보겠습니다.

뭘 써서 만드나
(사용 컴포넌트-팔레트)

Drawing and Animation - Canvas

Drawing and Animation - Ball

뭐가 필요한가
(준비물)

없음

어떻게 만드니
(코딩 시작)

① Designer

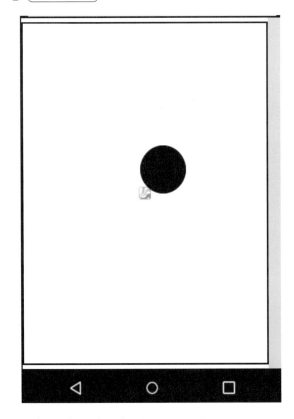

컴포넌트

스크린1
　└ 캔버스1
　　└ 볼1

속성 | 스크린1
상태바, 타이틀 보임 설정 해제

속성 | 캔버스1
높이, 너비 : Fill parent
배경이미지 설정 : 44_line.jpg

속성 | 볼1
Heading 방향 : 5
Interval 간격 : 100
Radius 반지름 : 30
Speed 속도 : 50
X Y Z 좌표 : 150, 150, 1.0

② Blocks 코딩

initialize global speed to 30

전역변수 speed를 초기화하라 : 30 // 디자이너 파트에서의 설정값과 동일(생략 가능)

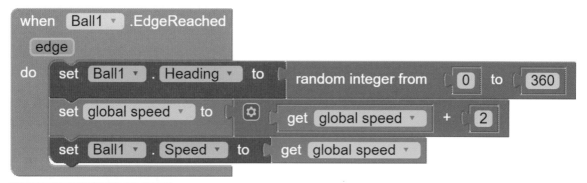

볼1이 모서리에 도착했을 때
 실행하기. 볼1의 방향 설정 : 0에서 360 사이의 랜덤 정수값 // 모서리 닿고 방향 변경
          전역변수 speed 설정 : 전역변수 speed + 2 // 모서리 닿으면 속도 증가
          볼1의 속도 설정 : 전역변수 speed

너무 빨라지면 어떡하죠? 볼을 터치하면 처음 속도로 돌아오도록 코딩합니다.

볼1을 터치했을 때
 실행하기. 볼1의 방향 설정 : 0에서 360 사이의 랜덤 정수값 // 방향 변경
          전역변수 speed 설정 : 30 // 초기 전역변수값
          볼1의 속도 설정 : 전역변수 speed

점수 : 16

다시시작

왜 만드나
(개발의도)

레트로 게임, 두더지 잡기입니다. 이미지스프라이트 기능과 타이머 기능을 활용합니다.

뭘 써서 만드나
(사용 컴포넌트-팔레트)

Drawing and Animation - Canvas1
Drawing and Animation - Imagesprite1
User Interface - Label1
User Interface - Button1
Sensors - Clock1

뭐가 필요한가
(준비물)

두더지 이미지

어떻게 만드니
(코딩 시작)

① [Designer]

컴포넌트
스크린1
└ 캔버스1
  └ 이미지스프라이트1
└ 레이블1
└ 버튼1
└ 시계1

속성 | 스크린1
상태바, 타이틀 보임 설정 해제

속성 | 캔버스1
높이, 너비 : Fill parent

속성 | 이미지스프라이트1
높이, 너비 : 30pixels
이미지 설정 : 46_mole.png

속성 | 레이블1
문구 설정 : 점수 :

속성 | 버튼1
문구 설정 : 다시시작

점수 :
다시시작

② ⌈Blocks⌋ 코딩

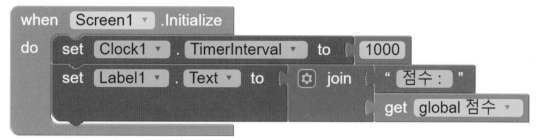

전역변수 점수가 초기화되었을 때 : 0 // 0점부터 시작되어야하니까

스크린1이 초기화되었을 때
  실행하기. 시계1의 간격 설정 : 1000 // 단위는 ms. 즉 1/1000초이므로 1000ms는 1초
     레이블1의 문구 설정 : 조합 : "점수 : "
       전역변수 점수값 가져오기

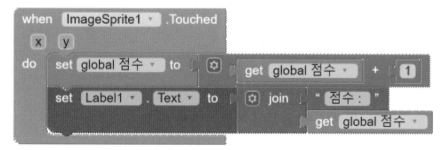

시계1이 작동할 때
  실행하기. 이미지스프라이트1의 x 값 설정 : 랜덤 정수값 - 0에서 캔버스1의 너비값까지
    이미지스프라이트1의 y 값 설정 : 랜덤 정수값 - 0에서 캔버스1의 높이값까지

이미지스프라이트1을 터치했을 때
  실행하기. 전역변수 점수 설정 : 전역변수 점수값 + 1 // 터치할 때마다 +1점
    레이블1의 문구 설정 : 조합 : "점수 : "
      전역변수 점수값 가져오기

```
when  Button1 ▼  .Click
do    set  global 점수 ▼  to  ( 0 )
      set  Label1 ▼ . Text ▼  to  (  ⚙ join  ( " 점수 : "
                                            get  global 점수 ▼ )
```

버튼1을 터치했을 때
  실행하기. 전역변수 점수 설정 : 0 // 다시 0점부터
      레이블1의 문구 설정 : 조합 : "점수 : "
              전역변수 점수값 가져오기

1. 계속 반복되는 명령어는 함수 처리해도 좋을 것 같다.

2. 점수가 높아지면 타이머 간격을 줄여서 속도를 높여도 재미있을 것 같다.

3. 이미지스프라이트를 터치할 때 으악! 같은 소리가 나면 더 재미있을 것 같다.

■ 그림은 여기에

https://bit.ly/100apps_image

왜 만드나
(개발의도)

긁으면 나오는 복권 같은 어플을 만들고자 합니다.

뭘 써서 만드나
(사용 컴포넌트-팔레트)

Drawing and Animation – Canvas1

User Interface – Button1

뭐가 필요한가
(준비물)

숨길 그림 이미지

어떻게 만드니
(코딩 시작)

① Designer

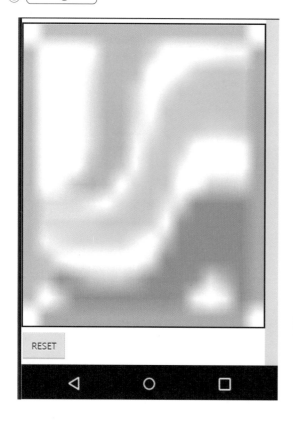

컴포넌트

스크린1
└ 캔버스1
└ 레이블1

속성 | 스크린1

상태바, 타이틀 보임 설정 해제

속성 | 캔버스1

높이, 너비 : Fill parent

배경 이미지 설정 : 12_cat(1).jpg

속성 | 버튼1

문구 설정 : 다시시작

② Blocks 코딩

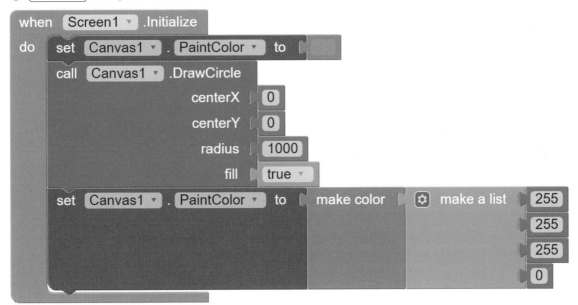

스크린1이 초기화되었을 때
　실행하기. 캔버스1의 페인트컬러 설정 : ████ // 덧입힐 색상 설정
　　　　　　　 캔버스1의 원 그리기 기능 호출하기
　　　　　　　　　　　　　　　　 중심점X : 0
　　　　　　　　　　　　　　　　 중심점Y : 0
　　　　　　　　　　　　　　　　 반지름 : 1000
　　　　　　　　　　　　　　　　 채우기 : 참
　　　　　　 캔버스1의 페인트컬러 설정 : 색상 만들기 255, 255, 255 // 투명색상 설정

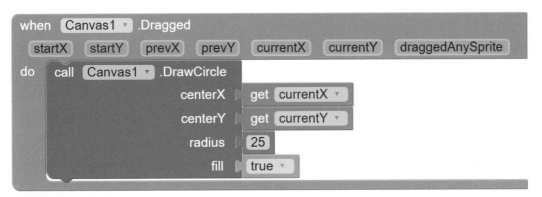

캔버스1을 터치했을 때
　실행하기. 캔버스1의 원 그리기 기능 호출하기
　　　　　　　　　　　　　　 중심점X : 현재 X값 가져오기
　　　　　　　　　　　　　　 중심점Y : 현재 Y값 가져오기
　　　　　　　　　　　　　　 반지름 : 25
　　　　　　　　　　　　　　 채우기 : 참

187

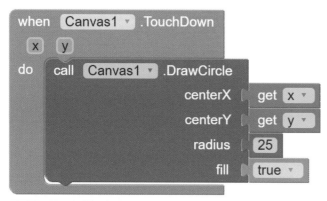

캔버스1을 드래그했을 때
　실행하기. 캔버스1의 원 그리기 기능 호출하기
　　　　　　　　　　　　중심점X : 현재 X값 가져오기
　　　　　　　　　　　　중심점Y : 현재 Y값 가져오기
　　　　　　　　　　　　반지름 : 25
　　　　　　　　　　　　채우기 : 참

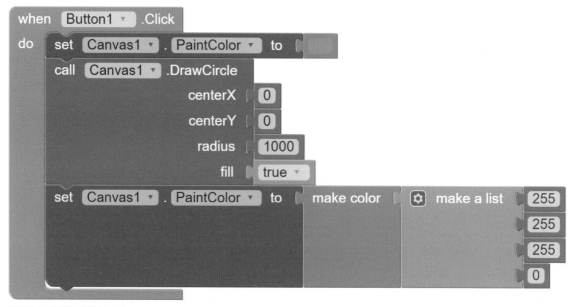

버튼1을 클릭했을 때
　실행하기. 캔버스1의 페인트컬러 설정 :　　　　// 덧입힐 색상 설정
　　　　　　캔버스1의 원 그리기 기능 호출하기
　　　　　　　　　　　　중심점X : 0
　　　　　　　　　　　　중심점Y : 0
　　　　　　　　　　　　반지름 : 1000
　　　　　　　　　　　　채우기 : 참
　　　　　　캔버스1의 페인트컬러 설정 : 색상 만들기 255, 255, 255

초기화 명령어와 동일합니다

그림은 여기에　　　　　　https://bit.ly/100apps_image

왜 만드나
(개발의도)

지도 어플 1단계입니다.

뭘 써서 만드나
(사용 컴포넌트-팔레트)

Maps - Map1

뭐가 필요한가
(준비물)

위치 좌표값(위도.경도)

어떻게 만드니
(코딩 시작)

① Designer

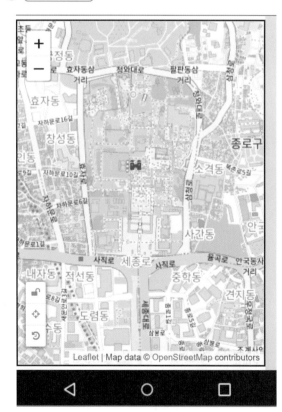

컴포넌트
스크린1
└ 지도1

속성 | 스크린1
상태바, 타이틀 보임 설정 해제

속성 | 지도1
좌표값 : 37.5785635, 126.9769535
높이, 너비 : Fill parent
줌 보이기 설정 : 활성화
줌 레벨 설정 : 15

▲ 위 좌표는 한국의 자랑, 경복궁입니다.
구글 맵스 등을 통해 위치 좌표값(위도,
경도)를 추출할 수 있고 다음 2단계에서
GPS 추출 어플을 만들어보겠습니다.

※ 끝났습니다. 디자이너 영역 설정만으로도 멋진 지도 어플이 완성됩니다.

37.5785635, 126.9769535

현재GPS

누르면 현재 사용자의 위치 GPS값을 확인할 수 있습니다.

뭘 써서 만드나
(사용 컴포넌트-팔레트)

User Interface - Label1

User Interface - Button1

Sensors - LocationSensors1

뭐가 필요한가
(준비물)

없음

어떻게 만드니
(코딩 시작)

① Designer

0, 0

현재GPS

컴포넌트

스크린1
  └ 레이블1
  └ 버튼1
  └ 위치센서1

속성 | 스크린1
상태바, 타이틀 보임 설정 해제

속성 | 레이블1
문구 설정 : 대기중

속성 | 버튼1
문구 설정 : 현재GPS

② Blocks 코딩

버튼1을 클릭했을 때
실행하기. 레이볼1의 문구 설정 : 조합 위치센서의 위도값
                                          ,
                                    위치센서의 경도값

1. 먼저 휴대폰의 위치센서를 활성화해야 한다.

2. 위치센서 기능을 이용하여 위도, 경도는 물론 고도까지 알 수 있다.

3. 위치센서 기능을 이용하여 현재 주소도 찾을 수 있다.

왜 만드나
(개발의도)

지도에 이런 저런 표시를 할 수 있습니다. 마치 보물지도처럼!

뭘 써서 만드나
(사용 컴포넌트-팔레트)

Map - Map1

Map - Marker1

뭐가 필요한가
(준비물)

없음

어떻게 만드니
(코딩 시작)

① Designer

컴포넌트

스크린1
└ 지도1
 └ 마커1

속성 | 스크린1

상태바, 타이틀 보임 설정 해제

속성 | 지도1

별도의 설정 없음

속성 | 마커1

별도의 설정 없음

② ⬭Blocks⬬ 코딩

```
when  Screen1 ▾ .Initialize
do    set  Marker1 ▾ . Description ▾  to  “ 이곳은 조선의 경복궁입니다 ”
      set  Marker1 ▾ . EnableInfobox ▾  to  true ▾
```

스크린1이 초기화되었을 때
  실행하기. 마커1의 설명 설정 : 이곳은 조선의 경복궁입니다
          마커1의 정보글상자 활성화 여부 설정 : 참

최초의 컴퓨터를 소개합니다.

지금 우리 손 안에 든 주먹 크기의 스마트폰은 1969년 아폴로11호의 달 착륙을 가능하게 한 우주선의 컴퓨터와 케이프 커내버럴 우주군기지 내의 컴퓨터를 모두 합친 것보다 높은 기능과 큰 용량을 갖고 있습니다. 앱인벤터2를 사용하는 크롬북도, 이 글을 쓰고 있는 랩톱도요.

그렇다면 인류 역사상 최초의 컴퓨터는 무엇(누구)일까요?
바로 이 여성분들입니다.[1]

포탄과 미사일 등 무기 기술이 크게 중요해진 2차 세계대전 동안 여성들은 커다란 방에 모여 날아오는 포탄의 낙하지점을 계산하고 포탄을 날려 보내기 위한 최적인 각도와 속도를 계산compute하였습니다. 그리고 계산하는 여성들을 계산담당자compute-er라고 불렀죠.
전쟁말 고차원 전자계산이 가능한 기계가 개발되고 이 업무가 기계에게 넘어감에 따라 컴퓨터라는 용어 역시 기계에게 물려줍니다. 진짜 인간컴퓨터인 셈이죠!

---

1) HTTP://WWW.THEATLANTIC.COM/TECHNOLOGY/ARCHIVE/2013/10/COMPUTING-POWER-USED-TO-BE-MEASURED-IN-KILO-GIRLS/280633/

왜 만드나
(개발의도)

지도에 내가 간 경로를 표시할 수 있습니다. 나만의 여행다이어리!

뭘 써서 만드나
(사용 컴포넌트-팔레트)

Map - Map1

Map - LineString1

뭐가 필요한가
(준비물)

없음

어떻게 만드니
(코딩 시작)

① Designer

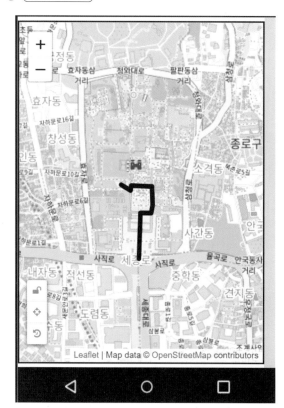

컴포넌트

스크린1
  └ 지도1
    └ 선그리기1

속성 | 스크린1

상태바, 타이틀 보임 설정 해제

속성 | 지도1

별도의 설정 없음

속성 | 마커1

별도의 설정 없음

② ⌈Blocks⌉ 코딩

```
when Screen1 ▾ .Initialize
do  set LineString1 ▾ . Title ▾ to " 경복궁 답사 "
    set LineString1 ▾ . Description ▾ to " 광화문-흥례문-근정문-근정전-수정전 "
    set LineString1 ▾ . EnableInfobox ▾ to true ▾
    set LineString1 ▾ . StrokeWidth ▾ to 6
```

스크린1이 초기화되었을 때

　실행하기. 선긋기1의 타이블 설정 : 경복궁 답사

　　　　　선긋기1의 설명 설정 : 광화문-흥례문-근정문-근저전-수정전

　　　　　선긋기1의 설명상자 활성화 여부타이블 설정 : 참

　　　　　선긋기1의 굵기 설정 : 6

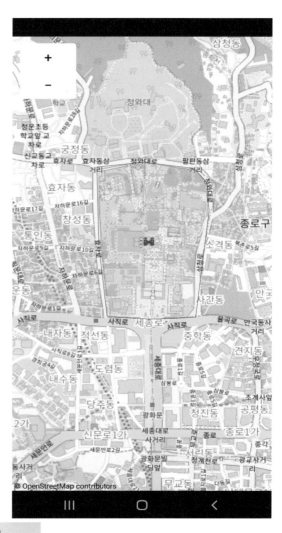

왜 만드나
(개발의도)

지도에 나만의 표시를 할 수 있습니다. 그것도 다각형으로!!

뭘 써서 만드나
(사용 컴포넌트-팔레트)

Map - Map1
Map - Polygon1

뭐가 필요한가
(준비물)

없음

어떻게 만드니
(코딩 시작)

① Designer

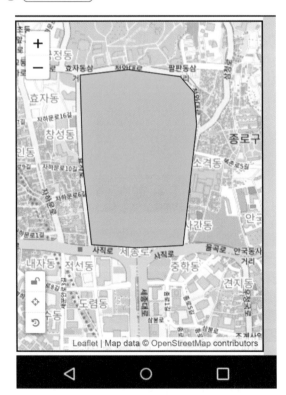

컴포넌트

스크린1
└ 지도1
　└ 다각형1

속성 | 스크린1
상태바, 타이틀 보임 설정 해제

속성 | 지도1
표시된 지도는 경복궁(위도 37.5785635, 경도126.9769535) 입니다

속성 | 다각형1
채우기 불투명도 : 100

② Blocks 　코딩 : 없습니다.

왜 만드나
(개발의도)

프로젝트49의 발전.응용입니다. 지도 위에 지금 나의 위치를 표시합니다. 여기 어때?!

뭘 써서 만드나
(사용 컴포넌트-팔레트)

User Interface - Button1

Map - Map1

Map - Marker1

Sensors - LocationSensor1

뭐가 필요한가
(준비물)

없음

어떻게 만드니
(코딩 시작)

① Designer

컴포넌트

스크린1
 └ 버튼1
 └ 지도1
   └ 마커1
 └ 위치센서1

속성 | 스크린1

상태바, 타이틀 보임 설정 해제

속성 | 버튼1

문구 설정 : 여기어디?

속성 | 지도1

지도 중앙 : 37.5785635, 126.9769535

높이, 너비 : Fill parent

속성 | 마커1

위도 설정 : 37.5785635

경도 설정 : 126.9769535

② Blocks 코딩

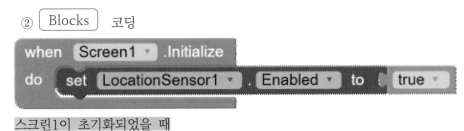

스크린1이 초기화되었을 때
　실행하기. 위치센서1의 활성화 설정 : 참

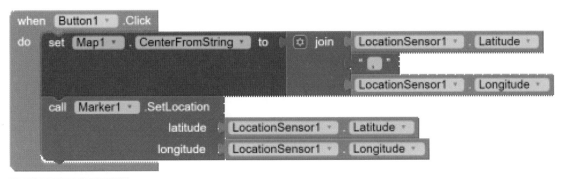

버튼1을 클릭했을 때
　실행하기. 지도1의 중심 설정 : 조합　위치센서1의 위도값
　　　　　　　　　　　　　　　　　　　　，
　　　　　　　　　　　　　　　　위치센서1의 경도값
　　　　　마커1의 위치 호출
　　　　　　　　　　위도 : 위치센서1의 위도값
　　　　　　　　　　경도 : 위치센서1의 경도값

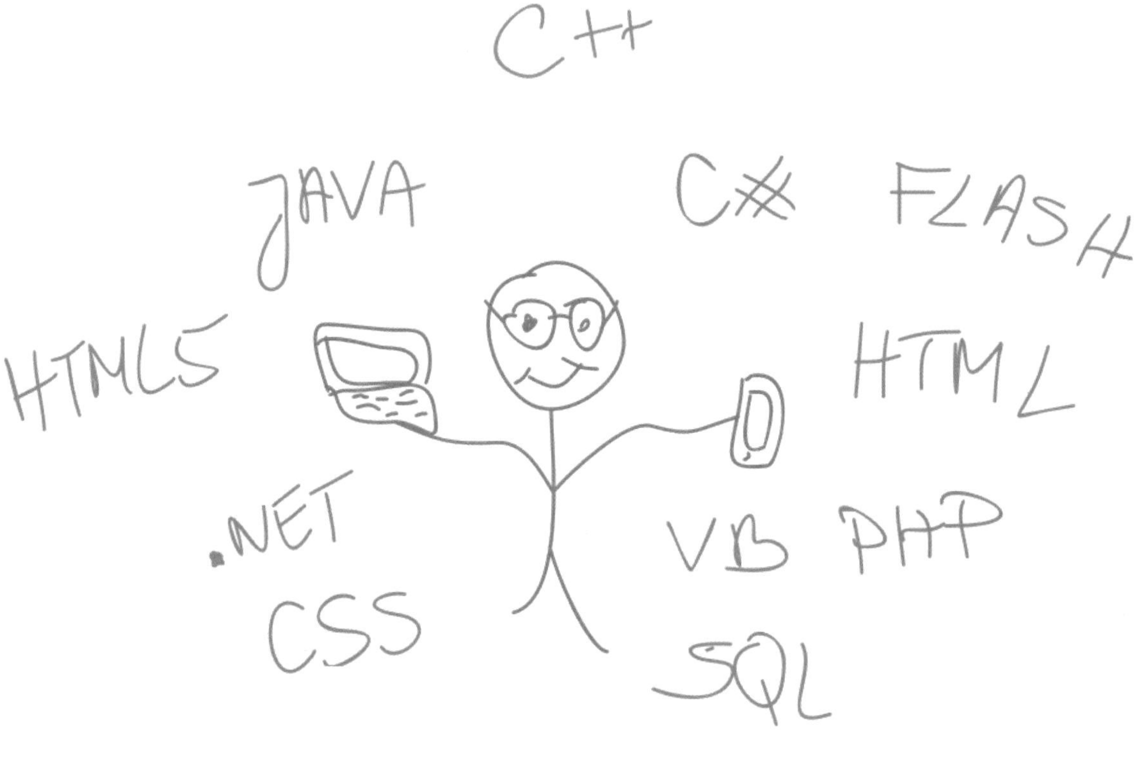
C++
JAVA
C#
FLASH
HTML5
HTML
.NET
VB
PHP
CSS
SQL

프로젝트54_stopwatch

0:0:5.47
start
pause
reset

시간을 측정하는 스톱워치입니다. 0.01초 단위로 측정합니다.

뭘 써서 만드나
(사용 컴포넌트-팔레트)

User Interface - Button1, 2, 3
User Interface - Label1
Layout - HorizontalArrangement1, 2
Sensors - Clock1

뭐가 필요한가
(준비물)

없음

어떻게 만드니
(코딩 시작)

① Designer

컴포넌트
스크린1
 ㄴ 레이블1
 ㄴ 수평정렬레이아웃1
  ㄴ 버튼1
  ㄴ 버튼2
  ㄴ 버튼3
 ㄴ 시계1

속성 | 스크린1
상태바, 타이틀 보임 설정 해제

속성 | 버튼1, 2, 3
문구 설정 : start, pause, reset

속성 | 시계1
시간간격 : 10

▲ms(1/1000)이므로 0.01초를 의미합니다.

② Blocks 코딩

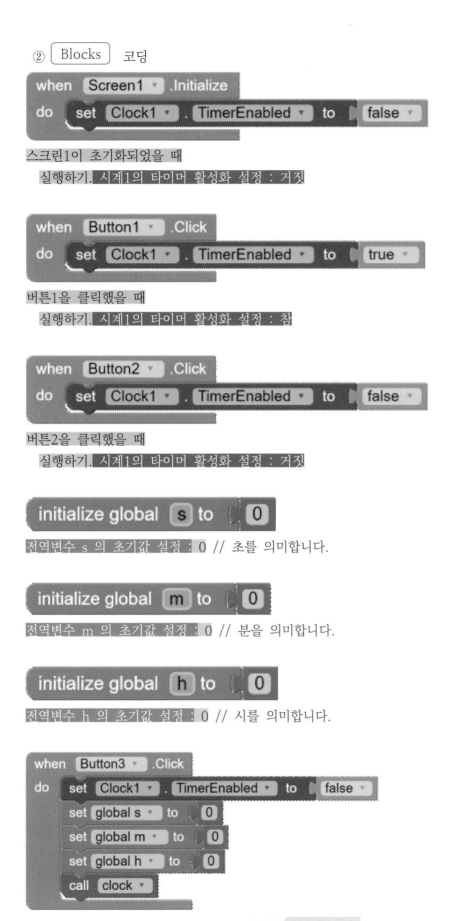

when Screen1 .Initialize
do set Clock1 . TimerEnabled to false

스크린1이 초기화되었을 때
　실행하기. 시계1의 타이머 활성화 설정 : 거짓

when Button1 .Click
do set Clock1 . TimerEnabled to true

버튼1을 클릭했을 때
　실행하기. 시계1의 타이머 활성화 설정 : 참

when Button2 .Click
do set Clock1 . TimerEnabled to false

버튼2을 클릭했을 때
　실행하기. 시계1의 타이머 활성화 설정 : 거짓

initialize global s to 0
전역변수 s 의 초기값 설정 : 0 // 초를 의미합니다.

initialize global m to 0
전역변수 m 의 초기값 설정 : 0 // 분을 의미합니다.

initialize global h to 0
전역변수 h 의 초기값 설정 : 0 // 시를 의미합니다.

when Button3 .Click
do set Clock1 . TimerEnabled to false
set global s to 0
set global m to 0
set global h to 0
call clock

버튼3을 클릭했을 때
　실행하기. 시계1의 타이머 활성화 설정 : 거짓
　　　　　　　전역변수 s 의 초기값 설정 : 0 // 다시 0으로
　　　　　　　전역변수 m 의 초기값 설정 : 0
　　　　　　　전역변수 h 의 초기값 설정 : 0
　　　　　　　함수 Clock 호출

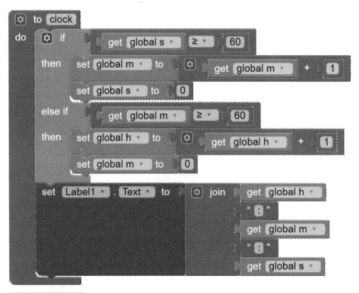

```
when  Clock1 ▾ .Timer
do   set global s ▾ to [ ⚙   get global s ▾ + [ .01 ]
     call clock ▾
```

시계1의 타이머가 작동할 때
　실행하기. 전역변수 s 설정 : 전역변수 s 값 + 0.01
　　　　　　함수 Clock 호출

```
⚙ to clock
do  ⚙ if      get global s ▾ ≥ ▾ 60
    then  set global m ▾ to  ⚙  get global m ▾ + 1
          set global s ▾ to [ 0 ]
    else if   get global m ▾ ≥ ▾ 60
    then  set global h ▾ to  ⚙  get global h ▾ + 1
          set global m ▾ to [ 0 ]
    set Label1 ▾ . Text ▾ to  ⚙ join   get global h ▾
                                       " : "
                                       get global m ▾
                                       " : "
                                       get global s ▾
```

함수 clock은
　만약　전역변수 s 값 : 60 이상이면
　그러면　전역변수 m 설정 : 전역변수 m의 값 + 1 // 60초가 지나서 1분이 늘어남
　　　　　　전역변수 s 설정 : 0 // 다시 초는 0으로
　아니면 만약　전역변수 m 값 : 60 이상이면
　그러면　전역변수 h 설정 : 전역변수 h의 값 + 1 // 60분이 지나서 1시간 늘어남
　　　　　　전역변수 m 설정 : 0 // 다시 분은 0으로
　레이블1의 문구 설정 조합 - 전역번수 h의 값
　　　　　　　　　　　　　　:
　　　　　　　　　　　　　　전역번수 m의 값
　　　　　　　　　　　　　　:
　　　　　　　　　　　　　　전역번수 s의 값

1 : 2 : 25.57

pause

카운트다운을 할 수 있는 타이머입니다.

뭘 써서 만드나
(사용 컴포넌트-팔레트)

User Interface - Button1, 2, 3, 4
User Interface - Label1, 2, 3
User Interface - Textbox1, 2, 3,
Layout - HorizontalArrangement1, 2
Sensors - Clock1

뭐가 필요한가
(준비물)

없음

어떻게 만드니
(코딩 시작)

① Designer

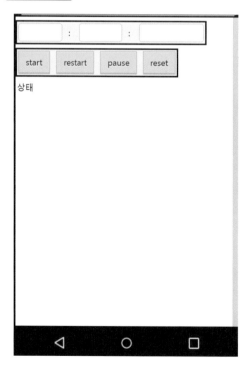

컴포넌트
스크린1
 └ 수평정렬레이아웃 : count
   └ 글상자 : h
   └ 레이블 : margin1
   └ 글상자 : m
   └ 레이블 : margin2
   └ 글상자 : s
 └ 수평정렬레이아웃 : button
   └ 버튼 : start
   └ 버튼 : restart
   └ 버튼 : pause
   └ 버튼 : reset
 └ 레이블 : mention
 └ 시계1

속성 | 스크린1
상태바, 타이틀 보임 설정 해제

▲ms(1/1000)이므로 0.01초를 의미합니다.

② Blocks 코딩

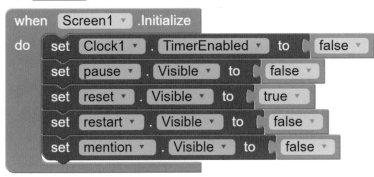

```
when Screen1 ▼ .Initialize
do  set Clock1 ▼ . TimerEnabled ▼ to [ false ▼
    set pause ▼ . Visible ▼ to [ false ▼
    set reset ▼ . Visible ▼ to [ true ▼
    set restart ▼ . Visible ▼ to [ false ▼
    set mention ▼ . Visible ▼ to [ false ▼
```

스크린1이 초기화되었을 때
　실행하기. 시계1의 타이머 활성화 설정 : 거짓
　　　　　버튼 pause 보임 여부 설정 : 거짓
　　　　　버튼 reset 보임 여부 설정 : 참 // 시작과 리셋 버튼 외에는 안보이게
　　　　　버튼 restart 보임 여부 설정 : 거짓
　　　　　버튼 mention 보임 여부 설정 : 거짓

```
initialize global time to [ 0
```

전역변수 time 의 초기값 설정 : 0 // 0.01초를 의미합니다.

```
when start .Click
do    if     h . Text = " "
      then  set h . Text to 0

      if     m . Text = " "
      then  set m . Text to 0

      if     s . Text = " "
      then  set s . Text to 0

      if     h . Text + m . Text + s . Text = 0
      then  set mention . Visible to true
            set mention . Text to " 시간을 입력하세요 "
      else  set global time to   3600 × h . Text + 60 × m . Text + s . Text
            set Clock1 . TimerEnabled to true
            set start . Visible to false
            set pause . Visible to true
            set reset . Visible to false
            set mention . Visible to false
```

버튼 start를 클릭했을 때
　만약　글상자 h의 문구 : (공란)이면
　그러면　글상자 h의 문구 설정 : 0　// 빈칸일 경우 0으로 설정
　만약　글상자 m의 문구 : (공란)이면
　그러면　글상자 m의 문구 설정 : 0
　만약　글상자 s의 문구 : (공란)이면
　그러면　글상자 s의 문구 설정 : 0
　만약　글상자 h 문구 + 글상자 m 문구 + 글상자 s 문구 = 0 이라면　// 다 빈칸이면
　그러면　레이블 mention 보임 여부 설정 : 참
　　　　　레이블 mention의 글상자 설정 : 시간을 입력하세요
　아니면 만약　전역변수 time 설정 : 3600 * 글상자 h + 60 * 글상자 m + 글상자 s
　　　　　시계1의 타이머 활성화 여부 : 참
　　　　　버튼 start 보임 여부 설정 : 거짓
　　　　　버튼 pause : 참
　　　　　버튼 reset : 거짓
　　　　　레이블 mention 보임 여부 설정 : 거짓

```
when restart .Click
do    set Clock1 . TimerEnabled to true
      set pause . Visible to true
      set restart . Visible to false
```

버튼 restart을 클릭했을 때
　실행하기. 시계1의 타이머 활성화 설정 : 참　// 멈춘 시간부터 다시 진행됨
　　　　　버튼 pause 보임 여부 설정 : 참
　　　　　버튼 restart 보임 여부 설정 : 거짓　// 클릭했으니까 안보이게

```
when Clock1 .Timer
do    if        get global time  >  0
      then  set global time  to      get global time  - .01
            set h . Text  to      quotient of    get global time  ÷ 3600
            set m . Text  to      quotient of    get global time  ÷ 60  -    h . Text  × 60
            set s . Text  to      modulo of    get global time  ÷ 60
      else  set s . Text  to  0
            set m . Text  to  0
            set h . Text  to  0
            set mention . Visible  to  true
            set mention . Text  to  " 시간을 종료되었습니다 "
            set pause . Visible  to  false
            set reset . Visible  to  true
```

시계1의 타이머가 작동할 때

만약 전역변수 time 값 : 0 이상이면

그러면 전역변수 time 설정 : 전역변수 time 값 + .01 // 10ms는 0.01초

레이블 h 문구 설정 : 나눗셈 전역변수 time의 값 ÷ 3600의 몫

레이블 m 문구 설정 : (나눗셈 전역변수 time의 값 ÷ 60의 몫) - 레이블 h×60

레이블 s 문구 설정 : 나눗셈 전역변수 time의 값 ÷ 60의 나머지

아니면 레이블 h 문구 설정 : 0

레이블 m 문구 설정 : 0

레이블 s 문구 설정 : 0 // 시간이 다 지났기 때문에

레이블 mention 보임 여부 설정 : 참

레이블 mention 문구 설정 : 시간이 종료되었습니다

버튼 pause : 거짓

버튼 reset : 참

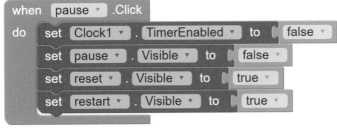

```
when pause .Click
do    set Clock1 . TimerEnabled  to  false
      set pause . Visible  to  false
      set reset . Visible  to  true
      set restart . Visible  to  true
```

버튼 pause를 클릭했을 때

실행하기. 시계1의 타이머 활성화 설정 : 거짓 // 전역변수 연산 멈추기

버튼 pause 보임 여부 설정 : 거짓 // 클릭했으니까 안보이게

버튼 reset 보임 여부 설정 : 참

버튼 restart 보임 여부 설정 : 참

```
when  reset ▾ .Click
do    set  Clock1 ▾ . TimerEnabled ▾  to    false ▾
      set  h ▾ . Text ▾  to    "    "
      set  m ▾ . Text ▾  to    "    "
      set  s ▾ . Text ▾  to    "    "
      set  global time ▾  to    0
      set  start ▾ . Visible ▾  to    true ▾
      set  pause ▾ . Visible ▾  to    false ▾
      set  restart ▾ . Visible ▾  to    false ▾
      set  mention ▾ . Visible ▾  to    true ▾
      set  mention ▾ . Text ▾  to    " 시간을 입력하세요 "
```

버튼 reset을 클릭했을 때

실행하기. 시계1의 타이머 활성화 설정 : 거짓 // 시간아, 멈춰라

글상자 h 문구 설정 : 0 // 다시 0으로

글상자 m 문구 설정 : 0

글상자 s 문구 설정 : 0

전역변수 time 설정 : 0

버튼 start : 참

버튼 pause : 거짓

버튼 restart : 거짓

레이블 mention 보임 여부 설정 : 참

레이블 mention 문구 설정 : 시간을 입력하세요

축구심판을 위한 어플입니다. 색상 설정 및 타이머 기능을 조합합니다.

뭘 써서 만드나
(사용 컴포넌트-팔레트)

User Interface - Button1, 2, 3, 4, 5, 6

User Interface - Label1

Layout - HorizontalArrangement1, 2

Sensors - Clock1

뭐가 필요한가
(준비물)

없음

어떻게 만드니
(코딩 시작)

① Designer

컴포넌트
스크린1
└ 버튼6
└ 수평정렬레이아웃2
  └ 레이블1
  └ 버튼3
  └ 버튼4
  └ 버튼5
└ 수평정렬레이아웃1
  └ 버튼1
  └ 버튼2
└ 시계1

속성 | 버튼1, 2, 6
배경색상 설정 : 노랑, 빨강, 검정

속성 | 버튼3, 4, 5
문구 설정 : start, pause, reset

속성 | 레이블1
문구 설정 : 45:00

② Blocks 코딩

```
when Screen1 .Initialize
do   set Clock1 . TimerEnabled to false
```

스크린1이 초기화되었을 때
　실행하기. 시계1의 타이머 활성화 설정 : 거짓

```
when Button1 .Click
do   set Button6 . BackgroundColor to [    ]
```

버튼1을 클릭했을 때
　실행하기. 버튼6의 배경색상 설정 : [   ] // 경고카드

```
when Button2 .Click
do   set Button6 . BackgroundColor to [    ]
```

버튼2을 클릭했을 때
　실행하기. 버튼6의 배경색상 설정 : 빨강 // 퇴장카드

```
when Button6 .Click
do   set Button6 . BackgroundColor to [    ]
```

버튼6을 클릭했을 때
　실행하기. 버튼6의 배경색상 설정 : 검정 // 카드 없이 경기를 진행할 때

```
when Button3 .Click
do   set Clock1 . TimerEnabled to true
```

버튼3을 클릭했을 때
　실행하기. 시계1의 타이머 활성화 설정 : 참 // start 버튼을 누르면 타이머 작동

```
when Button4 .Click
do   set Clock1 . TimerEnabled to false
```

버튼4을 클릭했을 때
　실행하기. 시계1의 타이머 활성화 설정 : 거짓 // pause 버튼을 누르면 시간이 멈춥니다

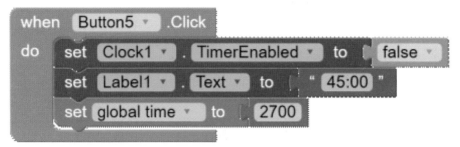

전역변수 timer 의 초기값 설정 : 2700 // 45분을 초로 환산하면 2700

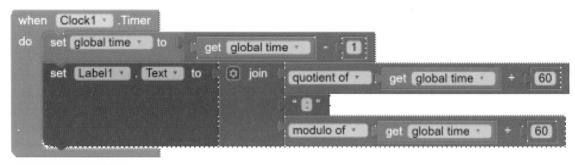

버튼5을 클릭했을 때

실행하기. 시계1의 타이머 활성화 설정 : 거짓 // reset 버튼을 누르면 시간이 멈추고

레이블1의 문구 설정 : 45:00 // 다시 시간도 45:00으로 되돌리고

전역변수 timer 의 설정 : 2700 // 변수값도 다시 2700으로 설정합니다.

시계1이 작동할 때

실행하기. 전역변수 timer 의 설정 : 전역번수 timer의 값 - 1 // 1초에 -1

레이블1의 문구 설정 : 조합 - 나눗셈 전역번수 timer의 값 ÷ 60의 몫

:

나눗셈 전역번수 timer의 값 ÷ 60의 나머지

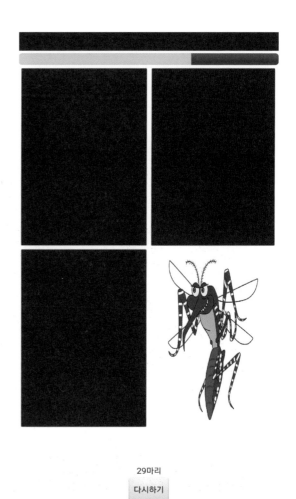

왜 만드나
(개발의도)

여름의 불청객 모기잡기 게임입니다. 4개 분할화면에서 모기가 랜덤 등장합니다.
이것 저것 다양한 기능을 사용할 것입니다.

뭘 써서 만드나
(사용 컴포넌트-팔레트)

User Interface - Slider1

User Interface - Button1, 2, 3, 4, 5, 6

User Interface - Label1

Layout - HorizontalArrangement1

Layout - TablelArrangement1

Sensors - Clock1, 2

뭐가 필요한가
(준비물)

모기 사진 : 21_mosquito.jpg

어떻게 만드니
(코딩 시작)

① Designer

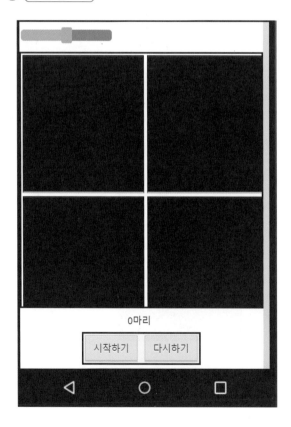

컴포넌트
스크린1
└ 슬라이더1
└ 테이블정렬레이아웃1
　└ 버튼3
　└ 버튼4
　└ 버튼5
　└ 버튼6
└ 수평정렬레이아웃1
　└ 버튼1
　└ 버튼2
└ 시계1
└ 시계2

속성 | 슬라이더1
너비 : Fill parent
최고치 60 최저치 60 썸네일위치 60

속성 | 테이블정렬레이아웃1
높이, 너비 : Fill parent 행 2 열 2

속성 | 버튼3,4,5,6
높이 40% 너비 50%

속성 | 레이블1
문구 설정 : 0마리
속성 | 버튼1,2
문구 설정 : 시작하기, 다시하기
속성 | 시계1,2
시간간격 설정 : 1000, 600

② Blocks 코딩

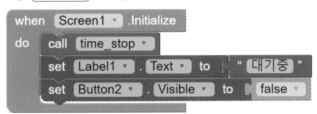

스크린1이 초기화되었을 때
실행하기. 함수 time_stop 호출하기 // 함수 정의는 후술할 예정
　　　　레이블1 문구 설정 : 대기중
　　　　버튼2 보임 여부 설정 : 거짓

initialize global catch to 0

전역변수 catch 의 초기값 설정 : 0 // 0마리부터 시작해야하기 때문에

initialize global timer to 60

전역변수 timer 의 초기값 설정 : 60 // 60초 동안 게임을 하기 위해서

initialize global mosquito to 0

전역변수 mosquito 의 초기값 설정 : 0 // 무작위로 모기가 등장하기 위해 수식을 활용함.
　　　　　　　　　　　　　　　　　　　0에서 4 사이의 난수를 활용(후술)

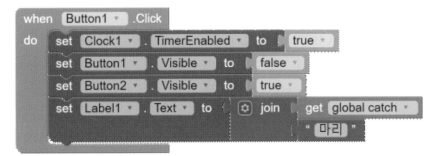

버튼1을 클릭했을 때
실행하기. 시계1 타이머 활성화 설정 : 참 // 시간이 흐르도록

버튼1 보임 설정 : 거짓

버튼2 보임 설정 : 참

레이블1 문구 설정 : 조합 전역변수 catch 값

마리

```
when Button2 .Click
do  set Button1 . Visible to  true
    set Button2 . Visible to  false
    set global timer to  60
    set Slider1 . ThumbPosition to  get global timer
    call time_stop
    call mosquito0
    set global catch to  0
    set global mosquito to  0
    set Label1 . Text to  " 대기중 "
```

버튼2를 클릭했을 때

실행하기. 버튼1 보임 설정 : 참

버튼2 보임 설정 : 거짓

전역변수 timer 값 설정 : 60

슬라이더1 썸네일위치 설정 : 전역변수 timer 값

함수 time_stop 호출하기

함수 mosquito0 호출하기

전역변수 catch 값 설정 : 0

전역변수 mosquito 값 설정 : 0

레이블1 문구 설정 : 대기중

```
when Clock1 .Timer
do  set global timer to  get global timer - 1
    set Slider1 . ThumbPosition to  get global timer
    set Clock2 . TimerEnabled to  true
    if  get global timer ≤ 0
    then set global timer to  0
         set global catch to  get global catch
         call time_stop
         set Label1 . Text to  join " 시간종료|총 "
                                    get global catch
                                    " 마리를 잡았습니다 "
         call mosquito0
```

시계1이 작동할 때
  실행하기. 전역변수 timer 설정 : 전역변수 timer의 값 - 1 // 1초에 -1
          슬라이더1 썸네일위치 설정 : 전역변수 timer 값
          시계2 활성화 여부 설정 : 참 // 모기 등장 타이머도 작동 시작
  만약 전역변수 time 값 : 0 이하이면 // 시간이 다 흐르면
  그러면 전역변수 catch 값 설정 : 전역변수 catch 값
          함수 time stop 호출하기
          레이블1 문구 설정 : 조합 - 시간종료 | 총
                              전역변수 catch 값
                          마리를 잡았습니다
          함수 mosquito0 호출하기

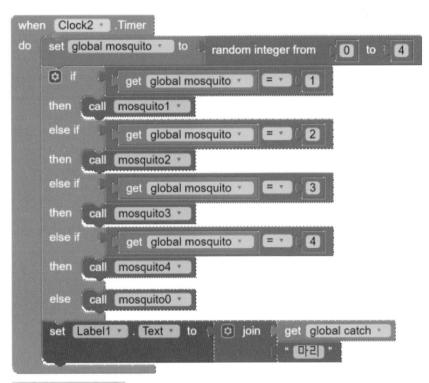

시계2이 작동할 때
  실행하기. 전역변수 mosquito 설정 : 무작위 정수값 0에서 4사이
  만약 전역변수 mosquito 값 : 1이면
  그러면 함수 mosquito1 호출하기
  만약 전역변수 mosquito 값 : 2이면
  그러면 함수 mosquito2 호출하기
  만약 전역변수 mosquito 값 : 3이면
  그러면 함수 mosquito3 호출하기
  만약 전역변수 mosquito 값 : 4이면
  그러면 함수 mosquito4 호출하기
  그것도 아니면 함수 mosquito0 호출하기
  레이블1 문구 설정 : 조합 - 전역변수 catch 값
                          마리

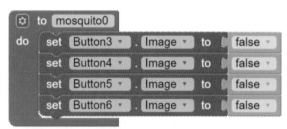

함수 time_stop 실행하면
　시계1 활성화 여부 설정 : 거짓
　시계2 활성화 여부 설정 : 거짓

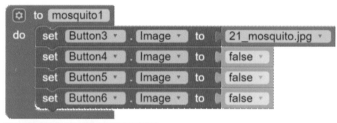

함수 mosquito0 실행하면
　버튼3 이미지 설정 : 거짓 // 그림 표시 없이 까맣게
　버튼4 이미지 설정 : 거짓
　버튼5 이미지 설정 : 거짓
　버튼6 이미지 설정 : 거짓

함수 mosquito1 실행하면
　버튼3 이미지 설정 : 21_mosquito.jpg // 1-4분면에만 모기 이미지 나타남
　버튼4 이미지 설정 : 거짓
　버튼5 이미지 설정 : 거짓
　버튼6 이미지 설정 : 거짓

함수 mosquito2 실행하면
　버튼3 이미지 설정 : 거짓
　버튼4 이미지 설정 : 21_mosquito.jpg // 2-4분면에만 모기 이미지 나타남
　버튼5 이미지 설정 : 거짓
　버튼6 이미지 설정 : 거짓

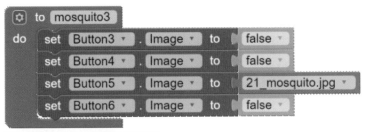

함수 mosquito3 실행하면
　버튼3 이미지 설정 : 거짓
　버튼4 이미지 설정 : 거짓
　버튼5 이미지 설정 : 21_mosquito.jpg // 3-4분면에만 모기 이미지 나타남
　버튼6 이미지 설정 : 거짓

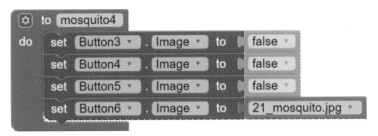

함수 mosquito4 실행하면
　버튼3 이미지 설정 : 거짓
　버튼4 이미지 설정 : 거짓
　버튼5 이미지 설정 : 거짓
　버튼6 이미지 설정 : 21_mosquito.jpg // 4-4분면에만 모기 이미지 나타남

버튼3을 클릭했을 때
　실행하기.만약 전역변수 mosquito 값 : 1일 때
　　　그러면 전역변수 catch 설정 : 전역변수 catch 값 + 1 // 잡은 개수 +1
　　　버튼3 이미지 설정 : 거짓 // 그림은 다시 안 보임

버튼4를 클릭했을 때

   실행하기.만약 전역변수 mosquito 값 : 2일 때

       그러면 전역변수 catch 설정 : 전역변수 catch 값 + 1 // 잡은 개수 +1

       버튼4 이미지 설정 : 거짓 // 그림은 다시 안 보임

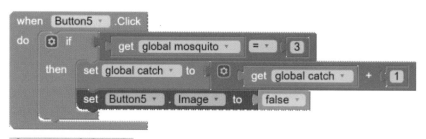

버튼5를 클릭했을 때

   실행하기.만약 전역변수 mosquito 값 : 3일 때

       그러면 전역변수 catch 설정 : 전역변수 catch 값 + 1 // 잡은 개수 +1

       버튼5 이미지 설정 : 거짓 // 그림은 다시 안 보임

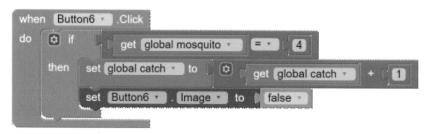

버튼6을 클릭했을 때

   실행하기.만약 전역변수 mosquito 값 : 4일 때

       그러면 전역변수 catch 설정 : 전역변수 catch 값 + 1 // 잡은 개수 +1

       버튼6 이미지 설정 : 거짓 // 그림은 다시 안 보임

■ 그림은 여기에

https://bit.ly/100apps_image

■ 소리는 여기에

https://bit.ly/100apps_sound

rabbit
토끼
◀ ▶
2번째 단어입니다

III   ◯   <

왜 만드나
(개발의도)

영어-한국어 단어장입니다. 내가 만들고 내가 공부하는 나만의 단어장, 지금 시작합니다.

뭘 써서 만드나
(사용 컴포넌트-팔레트)

User Interface - Button1, 2

User Interface - Label1, 2, 3

Layout - HorizontalArrangement1

뭐가 필요한가
(준비물)

만들고 싶은 영어-한국어 단어쌍

어떻게 만드니
(코딩 시작)

① Designer

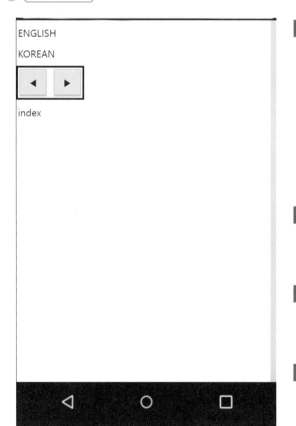

컴포넌트
스크린1
　└ 레이블1
　└ 레이블2
　└ 수평정렬레이아웃1
　　└ 버튼1
　　└ 버튼2
　└ 레이블3

속성 | 스크린1
상태바, 타이틀 보임 설정 해제

속성 | 레이블1, 2, 3
문구 설정 : ENGLISH, KOREAN, INDEX

속성 | 버튼1, 2
문구 설정 : ◀, ▶

```
when  Screen1 ▾ .Initialize
do    set Label3 ▾ . Visible ▾ to  false ▾
```

스크린1이 초기화되었을 때
　실행하기. 레이블3 보임 여부 설정 : 거짓

```
initialize global index to  0
```

전역변수 timer 초기값 : 0 // 단어의 순서를 의미함

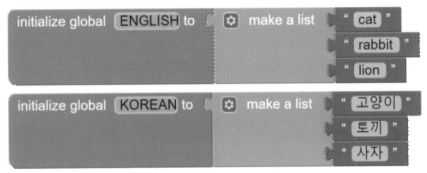

```
initialize global ENGLISH to  ☼ make a list  " cat "
                                               " rabbit "
                                               " lion "

initialize global KOREAN to  ☼ make a list  " 고양이 "
                                              " 토끼 "
                                              " 사자 "
```

전역변수 ENGLISH 설정 : 리스트 만들기　고양이 // 임의 단어를 입력함. 추가/삭제 가능

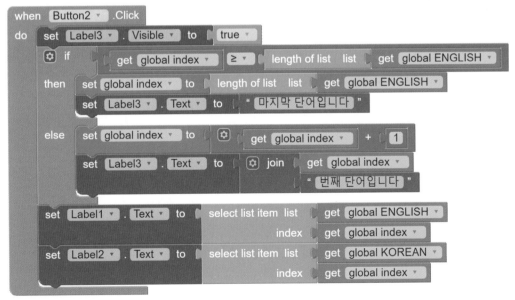

```
when  Button2 ▾ .Click
do    set Label3 ▾ . Visible ▾ to  true ▾
      ☼ if     get global index ▾  ≥ ▾  length of list  list  get global ENGLISH ▾
        then   set global index ▾ to  length of list  list  get global ENGLISH ▾
               set Label3 ▾ . Text ▾ to  " 마지막 단어입니다 "
        else   set global index ▾ to  ☼  get global index ▾  +  1
               set Label3 ▾ . Text ▾ to  ☼ join  get global index ▾
                                                  " 번째 단어입니다 "
      set Label1 ▾ . Text ▾ to  select list item  list  get global ENGLISH ▾
                                              index  get global index ▾
      set Label2 ▾ . Text ▾ to  select list item  list  get global KOREAN ▾
                                              index  get global index ▾
```

버튼2을 클릭했을 때 // 단어장 뒤로 넘기기
　실행하기. 레이블3 보임 여부 설정 : 참
　만약 전역변수 index 값 : 리스트의 길이 - 전역변수 ENGLISH 보다 크거나 같다면
　그러면 전역변수 index 값 : 리스트의 길이 - 전역변수 ENGLISH
　　레이블3 문구 설정 : 마지막 단어입니다

아니면 전역변수 index 값 : 전역변수 index +1
레이블3 문구 설정 : 조합 전역변수 index
번째 단어입니다
레이블1 문구 설정 : 리스트 종류 - 전역변수 ENGLISH
리스트 순서 - 전역변수 index
레이블2 문구 설정 : 리스트 종류 - 전역변수 KOREAN
리스트 순서 - 전역변수 index

```
when Button1 .Click
do  set Label3 . Visible to  true
    if  get global index  ≤  1
    then  set global index to  1
          set Label3 . Text to  " 첫번째 단어입니다 "
    else  set global index to  get global index  +  -1
          set Label3 . Text to  join  get global index
                                      " 번째 단어입니다 "
    set Label1 . Text to  select list item  list  get global ENGLISH
                                             index  get global index
    set Label2 . Text to  select list item  list  get global KOREAN
                                             index  get global index
```

버튼1을 클릭했을 때 // 단어장 앞으로 넘기기
실행하기. 레이블3 보임 여부 설정 : 참
만약 전역변수 index 값 : 1이하이면
그러면 전역변수 index 값 : 1
레이블3 문구 설정 : 첫 번째 단어입니다
아니면 전역변수 index 값 : 전역변수 index -1
레이블3 문구 설정 : 조합 전역변수 index
번째 단어입니다
레이블1 문구 설정 : 리스트 종류 - 전역변수 ENGLISH
리스트 순서 - 전역변수 index
레이블2 문구 설정 : 리스트 종류 - 전역변수 KOREAN
리스트 순서 - 전역변수 index

rabbit
토끼

◀ ▶

2번째 단어입니다
단어추가

영어단어

한국어뜻

추가하기

III ○ ‹

프로젝트59의 업그레이드! 단어를 추가해보겠습니다!!

뭘 써서 만드나
(사용 컴포넌트-팔레트)

User Interface - Button1, 2, 3

User Interface - Label1, 2, 3, 4

User Interface - Textbox1, 2

Layout - HorizontalArrangement1

뭐가 필요한가
(준비물)

만들고 싶은 영어-한국어 단어쌍

어떻게 만드니
(코딩 시작)

① Designer

컴포넌트

스크린1
 └ 레이블1
 └ 레이블2
 └ 수평정렬레이아웃1
  └ 버튼1
  └ 버튼2
 └ 레이블3
 └ 레이블4
 └ 글상자1
 └ 글상자2
 └ 버튼3

ENGLISH
KOREAN
◀ ▶
index
단어추가

추가하기

속성 | 스크린1
상태바, 타이틀 보임 설정 해제

속성 | 레이블1, 2, 3, 4
문구 설정 : ENGLISH, KOREAN,
              INDEX, 단어추가

속성 | 버튼1, 2, 3
문구 설정 : ◀, ▶, 추가하기

속성 | 글상자1, 2
힌트 : 영어단어, 한국어뜻

② [Blocks] 코딩

```
when Screen1 .Initialize
do  set Label3 . Visible to   false
```

스크린1이 초기화되었을 때
　실행하기. 레이블3 보임 여부 설정 : 거짓

```
initialize global index to ( 0
```

전역변수 timer 초기값 : 0 // 단어의 순서를 의미함

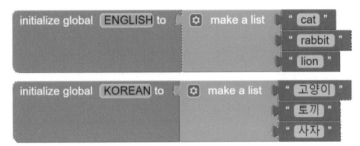

```
initialize global ENGLISH to ☼ make a list  " cat "
                                             " rabbit "
                                             " lion "
initialize global KOREAN to ☼ make a list   " 고양이 "
                                             " 토끼 "
                                             " 사자 "
```

전역변수 ENGLISH 설정 : 리스트 만들기　고양이 // 임의 단어를 입력함. 추가/삭제 가능

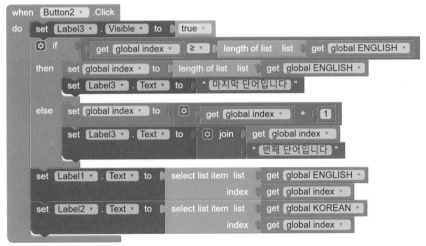

```
when Button2 .Click
do  set Label3 . Visible to   true
    ☼ if      get global index  ≥   length of list  list  get global ENGLISH
    then  set global index to  length of list  list  get global ENGLISH
          set Label3 . Text to  " 마지막 단어입니다 "
    else  set global index to ☼ get global index  + ( 1
          set Label3 . Text to ☼ join  get global index
                                       " 번째 단어입니다 "
    set Label1 . Text to  select list item list  get global ENGLISH
                                          index  get global index
    set Label2 . Text to  select list item list  get global KOREAN
                                          index  get global index
```

버튼2를 클릭했을 때 // 단어장 뒤로 넘기기
　실행하기. 레이블3 보임 여부 설정 : 참
　만약　전역변수 index 값 : 리스트의 길이 - 전역변수 ENGLISH 보다 크거나 같다면
　그러면　전역변수 index 값 : 리스트의 길이 - 전역변수 ENGLISH
　　　　　레이블3 문구 설정 : 마지막 단어입니다
　아니면　전역변수 index 값 : 전역변수 index +1
　　　　　레이블3 문구 설정 : 조합　전역변수 index
　　　　　　　　　　　　　　　번째 단어입니다
　레이블1 문구 설정 : 리스트 종류 - 전역변수 ENGLISH
　　　　　　　　　　　리스트 순서 - 전역변수 index
　레이블2 문구 설정 : 리스트 종류 - 전역변수 KOREAN
　　　　　　　　　　　리스트 순서 - 전역변수 index

```
when Button1 .Click
do  set Label3 . Visible to true
    if    get global index ≤ 1
    then  set global index to 1
          set Label3 . Text to " 첫번째 단어입니다 "
    else  set global index to   get global index + -1
          set Label3 . Text to   join   get global index
                                         " 번째 단어입니다 "
    set Label1 . Text to   select list item  list  get global ENGLISH
                                             index  get global index
    set Label2 . Text to   select list item  list  get global KOREAN
                                             index  get global index
```

버튼1을 클릭했을 때 // 단어장 앞으로 넘기기
　　실행하기. 레이블3 보임 여부 설정 : 참
　　만약　전역변수 index 값 : 1이하이면
　　그러면　전역변수 index 값 : 1
　　　　　레이블3 문구 설정 : 첫 번째 단어입니다
　　아니면　전역변수 index 값 : 전역변수 index -1
　　　　　레이블3 문구 설정 : 조합 전역변수 index
　　　　　　　　　　　　번째 단어입니다
　　레이블1 문구 설정 : 리스트 종류 - 전역변수 ENGLISH
　　　　　　　　　리스트 순서 - 전역변수 index
　　레이블2 문구 설정 : 리스트 종류 - 전역변수 KOREAN
　　　　　　　　　리스트 순서 - 전역변수 index

```
when Button3 .Click
do  add items to list  list  get global ENGLISH
                       item  TextBox1 . Text
    add items to list  list  get global KOREAN
                       item  TextBox2 . Text
    set TextBox1 . Text to " "
    set TextBox2 . Text to " "
```

버튼3을 클릭했을 때 // 단어 추가하기
　　실행하기. 리스트에 아이템 추가하기 - 리스트 - 전역변수 ENGLISH
　　　　　　　　　　　아이템 - 글상자1 문구
　　　　　리스트에 아이템 추가하기 - 리스트 - 전역변수 KOREAN
　　　　　　　　　　　아이템 - 글상자2 문구
　글상자1 문구 설정 :　　// 추가한 후 빈칸으로 설정
　글상자2 문구 설정 :

238

rabbit
토끼

◀ LISTEN ▶

2번째 단어입니다
단어추가

영어단어

한국어뜻

추가하기

단어장의 끝판왕! 발음도 들을 수 있습니다!!

User Interface - Button1, 2, 3, 4

User Interface - Label1, 2, 3, 4

User Interface - Textbox1, 2

Layout - HorizontalArrangement1

Media - TextToSpeech1

만들고 싶은 영어-한국어 단어쌍

① Designer

컴포넌트

스크린1
- 레이블1
- 레이블2
- 수평정렬레이아웃1
  - 버튼1
  - 버튼4
  - 버튼2
- 레이블3
- 레이블4
- 글상자1
- 글상자2
- 버튼3
- TTS1

속성 | TTS1

언어선택 : en

※ 그 밖의 컴포넌트 설정은 프로젝트58, 59
  와 동일함으로 생략합니다.

② ⌈Blocks⌋ 코딩

```
when  Screen1 ▾ .Initialize
do    set  Label3 ▾ . Visible ▾  to   false ▾
```

스크린1이 초기화되었을 때
  실행하기. 레이블3 보임 여부 설정 : 거짓

```
initialize global  index  to   0
```

전역변수 timer 초기값 : 0 // 단어의 순서를 의미함

```
initialize global  ENGLISH  to    make a list   " cat "
                                                 " rabbit "
                                                 " lion "

initialize global  KOREAN  to    make a list   " 고양이 "
                                                " 토끼 "
                                                " 사자 "
```

전역변수 ENGLISH 설정 : 리스트 만들기 고양이 // 임의 단어를 입력함. 추가/삭제 가능

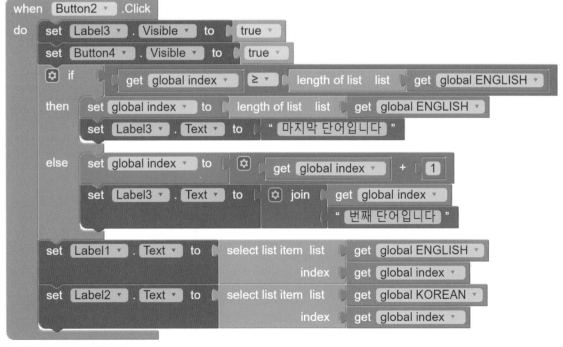

```
when  Button2 ▾ .Click
do    set  Label3 ▾ . Visible ▾  to   true ▾
      set  Button4 ▾ . Visible ▾  to   true ▾
      if    get global index ▾  ≥ ▾   length of list  list  get global ENGLISH ▾
      then  set global index ▾  to   length of list  list  get global ENGLISH ▾
            set  Label3 ▾ . Text ▾  to   " 마지막 단어입니다 "
      else  set global index ▾  to    get global index ▾  +  1
            set  Label3 ▾ . Text ▾  to   join  get global index ▾
                                              " 번째 단어입니다 "
      set  Label1 ▾ . Text ▾  to   select list item  list  get global ENGLISH ▾
                                                     index  get global index ▾
      set  Label2 ▾ . Text ▾  to   select list item  list  get global KOREAN ▾
                                                     index  get global index ▾
```

버튼2를 클릭했을 때 // 단어장 뒤로 넘기기
  실행하기. 레이블3 보임 여부 설정 : 참

241

만약 전역변수 index 값 : 리스트의 길이 - 전역변수 ENGLISH 보다 크거나 같다면
그러면 전역변수 index 값 : 리스트의 길이 - 전역변수 ENGLISH
　　　　레이블3 문구 설정 : 마지막 단어입니다
아니면 전역변수 index 값 : 전역변수 index +1
　　　　레이블3 문구 설정 : 조합 전역변수 index
　　　　　　　　　　　　　　　번째 단어입니다
레이블1 문구 설정 : 리스트 종류 - 전역변수 ENGLISH
　　　　　　　　　리스트 순서 - 전역변수 index
레이블2 문구 설정 : 리스트 종류 - 전역변수 KOREAN
　　　　　　　　　리스트 순서 - 전역변수 index

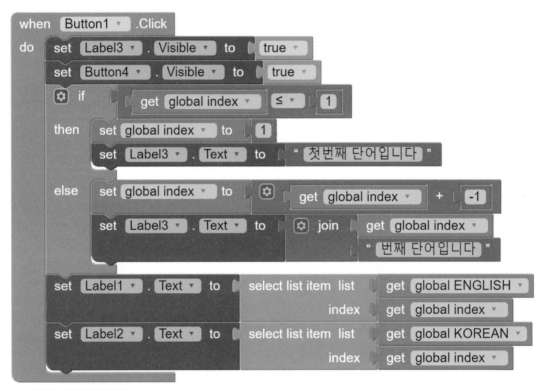

버튼1을 클릭했을 때 // 단어장 앞으로 넘기기
　실행하기. 레이블3 보임 여부 설정 : 참
　만약 전역변수 index 값 : 1이하이면
　그러면 전역변수 index 값 : 1
　　　　레이블3 문구 설정 : 첫 번째 단어입니다
　아니면 전역변수 index 값 : 전역변수 index -1
　　　　레이블3 문구 설정 : 조합 전역변수 index
　　　　　　　　　　　　　　　번째 단어입니다
　레이블1 문구 설정 : 리스트 종류 - 전역변수 ENGLISH
　　　　　　　　　리스트 순서 - 전역변수 index
　레이블2 문구 설정 : 리스트 종류 - 전역변수 KOREAN
　　　　　　　　　리스트 순서 - 전역변수 index

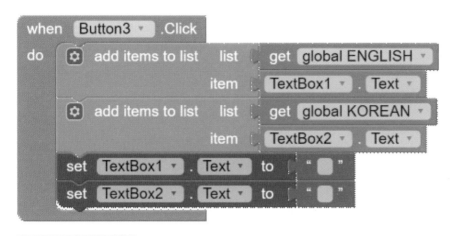

버튼3을 클릭했을 때 // 단어 추가하기

　　실행하기. 리스트에 아이템 추가하기 - 리스트 - 전역변수 ENGLISH
　　　　　　　　　　　　　　　　아이템 - 글상자1 문구
　　　　　　리스트에 아이템 추가하기 - 리스트 - 전역변수 KOREAN
　　　　　　　　　　　　　　　　아이템 - 글상자2 문구

　글상자1 문구 설정 :　　　 // 추가한 후 빈칸으로 설정
　글상자2 문구 설정 :

버튼4를 클릭했을 때

　실행하기. TTS 말하기 기능 호출하기
　　　　　　　　　　　메시지는 : 레이블1 문구 // 영어만 읽어주도록 설정

로봇은 언제부터 인류와 함께 살았을까요? [1부]

1434

조선의 로봇, 자격루

1434년 물의 힘으로 여러 인형이 작동하는 물시계 자격루를 제작함. 일정량의 물이 모이면, 쇠구슬을 굴려 소리를 내게 하는 장치로, 로봇의 정의에 부합함.

1921

로봇 용어 등장

1921년 체코 극작가 카렐 차페크의 소설⟨R.U.R⟩에서 처음 '로봇'이란 용어가 등장

1959

최초의 산업용 로봇

1959년에 개발된 최초의 산업용 로봇 ⟨유니메이트⟩. 자동차 제조 공장에서 뜨거운 부속품을 물에 집어넣어 냉각시키는 작업을 함.

1997

두발로 걷는 로봇 등장

1997년 일본에서 최초로 계단을 오르는 인간형 로봇 ⟨P2⟩를 발표함. 이후 ⟨아시모ASIMO⟩로 명명되었고, 현재 계단 오르내리기, 방향바꾸기, 춤추기 등도 가능.

[2부]로 이어집니다

왜 만드나
(개발의도)

지난 8월엔 비가 참 많이 왔습니다. 원클릭으로 도움 요청 전화하기 앱을 만들어봅시다.

뭘 써서 만드나
(사용 컴포넌트-팔레트)

User Interface - Button1, 2
Social - PhoneCall1

뭐가 필요한가
(준비물)

없습니다

어떻게 만드니
(코딩 시작)

① Designer

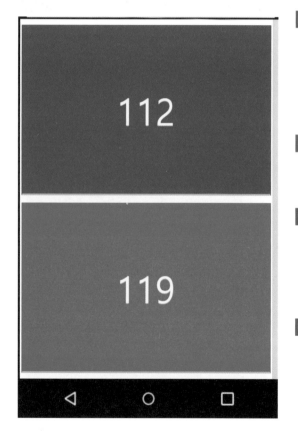

컴포넌트
스크린1
　└ 버튼1
　└ 버튼2
　└ 전화통화1

속성 | 스크린1
상태바, 타이틀 보임 설정 해제

속성 | 버튼1
배경 색상 설정 : 파랑
높이, 너비 설정 : Fill parent
문구 설정 : 112, 중앙정렬, 흰색

속성 | 버튼2
배경 색상 설정 : 빨강
높이, 너비 설정 : Fill parent
문구 설정 : 119, 중앙정렬, 흰색

② ⌜Blocks⌟ 코딩

버튼1을 클릭했을 때
　실행하기. 전화통화1의 전화번호 설정 : 112
　　　　전화통화1의 전화걸기 명령 호출하기

```
when  Button2 .Click
do    set PhoneCall1 . PhoneNumber to " 119 "
      call PhoneCall1 .MakePhoneCall
```

버튼2를 클릭했을 때
　실행하기. 전화통화1의 전화번호 설정 : 119
　　　　전화통화1의 전화걸기 명령 호출하기

왜 만드나
(개발의도)

미리 지정한 문구를 지정된 번호로 보냅니다. 안심 등하교 문자 같은 앱이죠.

뭘 써서 만드나
(사용 컴포넌트-팔레트)

User Interface – Button1, 2, 3

User Interface – Label1

User Interface – TextBox1

Layout – HorizontalArrangement1

Social – Texting1

뭐가 필요한가
(준비물)

보내고자 하는 전화번호

어떻게 만드니
(코딩 시작)

① Designer

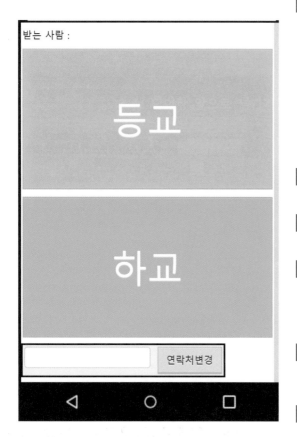

컴포넌트
스크린1
  ∟ 레이블1
  ∟ 버튼1
  ∟ 버튼2
  ∟ 수평정렬레이아웃1
    ∟ 글상자1
    ∟ 버튼3
  ∟ 문자보내기1

속성 | 스크린1
상태바, 타이틀 보임 설정 해제

속성 | 레이블1
문구 설정 : 받는 사람 :

속성 | 버튼1, 2
배경 색상 설정 : 주황, 분홍
높이, 너비 설정 : Fill parent
문구 설정 : 등교, 하교, 크기50, 흰색

속성 | 글상자1
힌트 : -빼고 입력
숫자만 입력 가능 : 활성화

속성 | 버튼3
문구 설정 : 연락처변경

② Blocks 코딩

```
initialize global phone_number to " 01234567890 "
```

전역변수 phone_number 초기값 설정 : 01234567890 // 임의 입력

```
when Screen1 .Initialize
do  set Label1 . Text to join " 받는 사람 : "
                                get global phone_number
```

스크린1이 초기화되었을 때
  실행하기. 레이블1 문구 설정 : 조합 - 받는 사람 :
                              전역변수 phone number

```
when Button1 .Click
do  set Texting1 . PhoneNumber to get global phone_number
    set Texting1 . Message to " 학교에 도착했습니다 "
    call Texting1 .SendMessage
```

버튼1을 클릭했을 때
  실행하기. 문자보내기1의 전화번호 설정 : 전역변수 phone number 값
          문자보내기1의 메시지 설정 : 학교에 도착했습니다
          문자보내기1의 문자보내기 기능 호출하기

```
when Button2 .Click
do  set Texting1 . PhoneNumber to get global phone_number
    set Texting1 . Message to " 집에 도착했습니다 "
    call Texting1 .SendMessage
```

버튼2를 클릭했을 때
  실행하기. 문자보내기1의 전화번호 설정 : 전역변수 phone number 값
          문자보내기1의 메시지 설정 : 집에 도착했습니다
          문자보내기1의 문자보내기 기능 호출하기

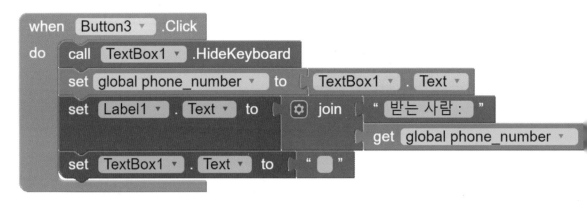

버튼1을 클릭했을 때

실행하기. 글상자1의 키보드 숨기기 기능 호출하기

전역변수 phone_number 값 설정 : 글상자1의 문구

레이블1의 문구 설정 : 조합 – 받는 사람 :

전역변수 phone_number

글상자1의 문구 설정 :   // 전화번호 변경 후에는 빈칸으로

프로젝트63_share

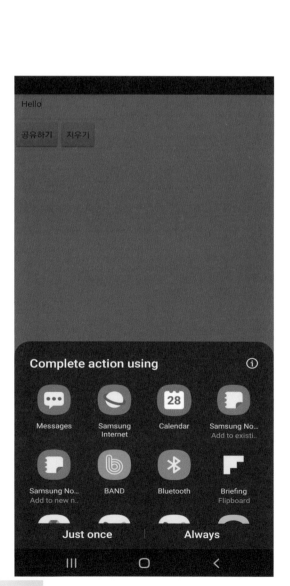

문장을 다양한 SNS를 통해 다른 사람들과 공유할 수 있습니다.

뭘 써서 만드나
(사용 컴포넌트-팔레트)

User Interface - Button1, 2

User Interface - TextBox1

Layout - HorizontalArrangement1

Social - sharing1

뭐가 필요한가
(준비물)

없습니다

어떻게 만드니
(코딩 시작)

① Designer

컴포넌트
스크린1
　└ 글상자1
　└ 수평정렬레이아웃1
　　└ 버튼1
　　└ 버튼2
　└ 공유하기1

속성 | 스크린1
상태바, 타이틀 보임 설정 해제

속성 | 글상자1
힌트 : 공유하고 싶은 내용
줄바꿈 활성화

속성 | 버튼1, 2
문구 설정 : 공유하기, 지우기

※Sharing은 뷰어창에 보이지 않는 컴포넌트
입니다.

②  코딩

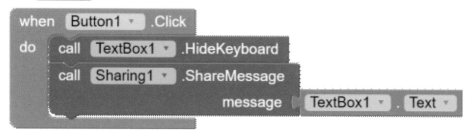

버튼1을 클릭했을 때
　실행하기. 글상자1의 키보드 숨기기 기능 호출하기
　　　　　　공유하기1의 메시지 공유 기능 호출하기
　　　　　　　　　　　　메시지 : 글상자1의 문구

버튼2를 클릭했을 때
　실행하기. 글상자1의 문구 설정 :　　// 빈칸으로, 즉 다 지운다는 의미

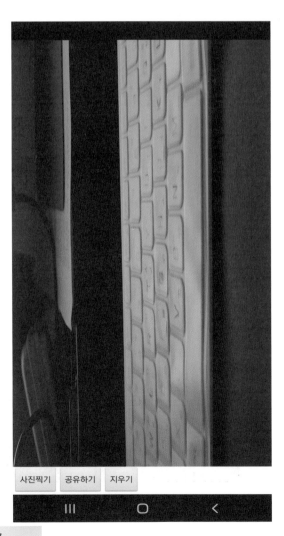

이번에는 사진을 공유해보겠습니다.

스마트폰에 설치된 거의 모든 SNS를 활용할 수 있습니다.

User Interface - Button1, 2, 3

Drawing and Animation - Canvas1

Layout - HorizontalArrangement1

Media - Camera1

Social - sharing1

없습니다

① Designer

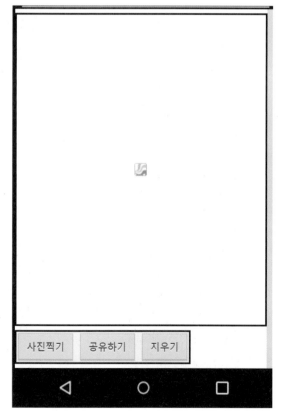

컴포넌트

스크린1
└ **캔버스1**
└ **수평정렬레이아웃1**
   └ **버튼3**
   └ **버튼1**
   └ **버튼2**
└ **공유하기1**
└ **카메라1**

속성 | 스크린1
상태바, 타이틀 보임 설정 해제

속성 | 캔버스1
높이, 너비 : Fill parent

속성 | 버튼3, 1, 2
문구 설정 : 사진찍기, 공유하기, 지우기

※Sharing과 Camera는 뷰어창에 보이지
 않는 컴포넌트입니다.

```
initialize global save to " "
```

전역변수 save 의 초기값 설정 :   // 촬영된 사진이 담길 그릇

```
when Button3 .Click
do   call Camera1 .TakePicture
```

버튼3을 클릭했을 때
  실행하기. 카메라1의 사진찍기 기능 호출하기

```
when Camera1 .AfterPicture
  image
do   set global save to   get image
     set Canvas1 . BackgroundImage to   get image
```

카메라1의 사진촬영 후
  실행하기. 전역변수 save 설정 : 사진촬영 결과 이미지
            캔버스1의 배경 이미지 설정 : 사진촬영 결과 이미지

```
when Button1 .Click
do   call Sharing1 .ShareFile
                    file   get global save
```

버튼1을 클릭했을 때
  실행하기. 공유하기1의 파일 공유 기능 호출하기
                 파일명 : 전역변수 save 값

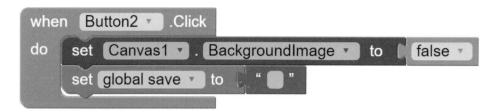

버튼2를 클릭했을 때

실행하기. 캔버스1의 배경 이미지 설정 : 거짓 // 없음을 보여줌, 즉 보이지 않게 됨

　　　　전역변수 save 설정 : 　　　　 // 다시 최초 상태로 돌림

대기중

QR읽기

왜 만드나
(개발의도)

행사 광고지나 기업 홍보 포스터에서 자주 볼 수 있는 QR코드를 읽어내는 앱을 만들어보겠습니다.

뭘 써서 만드나
(사용 컴포넌트-팔레트)

User Interface - Label1

User Interface - Button1

Sensors - BarcodeScanner1

뭐가 필요한가
(준비물)

뭔가 읽어낼만한 QR코드

어떻게 만드니
(코딩 시작)

① [Designer]

컴포넌트
스크린1
└ 레이블1
└ 버튼1
└ 바코드스캐너1

속성 | 스크린1

상태바, 타이틀 보임 설정 해제

속성 | 레이블1

문구 설정 : 대기중

속성 | 버튼1

문구 설정 : QR읽기

속성 | 바코드스캐너1

외부 스캐너 사용 여부 : 비활성화

※BarcodeScanner는 뷰어창에 보이지 않는 컴포넌트입니다.

```
when  Button1 ▼ .Click
do      call  BarcodeScanner1 ▼ .DoScan
```

버튼1을 클릭했을 때
　실행하기. 바코드스캐너1의 스캔 기능 호출하기

```
when  BarcodeScanner1 ▼ .AfterScan
  result
do      set  Label1 ▼ . Text ▼ to    get  result ▼
```

바코드스캐너1의 스캔 작업 후
　실행하기. 레이블1의 문구 설정 : 스캔 작업 결과 // 그냥 어떤 내용이 담겨있는지 텍스트로만
　　　　　　　　　　　　　　　　　　　　　　읽습니다.
　　　　　　　　　　　　　　　　　　　　　　링크 타고 접속하기 전에 과연 무슨 내용이
　　　　　　　　　　　　　　　　　　　　　　있나 다들 궁금하지 않습니까.

이건 뭐에요

BarcodeScanner1

맞습니다. 이 컴포넌트의 이름은 바코드-스캐너입니다.
가게에서 물건 사면 사장님이 "픽", "픽" 찍어서 가격을 계산하는 그 바
코드 역시 이 컴포넌트를 이용하여 스캔할 수 있습니다.

로봇은 언제부터 인류와 함께 살았을까요? [2부]

2003	
	**화성 탐사 로봇** 2003년 미국 NASA에서는 화성 탐사활동에 이동로봇 〈스피릿〉을 사용됨. 화성의 토양. 대기 및 기후 정보를 수집하여 지구로 전송함.
2015	
	**감정을 이해하는 로봇** 2015년 발표된 〈뮤지오 Musio〉는 사람들과 대화하고, 감정을 이해하거나, 로봇 자신의 감정 상태를 표정, 색, 소리로 표현함.
2015	
	**보다 인간답게, 인간 대신 작동하는 로봇** 한국과학기술원에서 개발한 인간형 로봇 〈휴보 Hubo〉. DARPA Robotics Challenge 재난대응 로봇대회에서 차량탑승 및 운전(미션1), 장애물 판단 및 극복미션(미션2,3), 다양한 형태의 출입문 판단 및 개방(미션4), 사다리 오르기(미션5), 도구 탐색 및 조립.연결, 작동(미션6,7,8) 등의 모든 단계를 로봇의 A.I.가 완벽하게 해결하여 대회 1위를 차지함.

대기중

QR읽기

이동하기

왜 만드나
(개발의도)

프로젝트65의 업그레이드! QR코드를 읽어내고, 하이퍼링크에 접속하는 앱입니다.

뭘 써서 만드나
(사용 컴포넌트-팔레트)

User Interface - Label1

User Interface - Button1, 2

Sensors - BarcodeScanner1

Connectivity - ActivityStarter1

뭐가 필요한가
(준비물)

뭔가 읽어낼만한 QR코드

어떻게 만드니
(코딩 시작)

① Designer

대기중

QR읽기

이동하기

◁   ○   □

컴포넌트

스크린1

└ 레이블1

└ 버튼1

└ 버튼2

└ 바코드스캐너1

└ 액티비티스타터1

속성 | 스크린1

상태바, 타이틀 보임 설정 해제

속성 | 레이블1

문구 설정 : 대기중

속성 | 버튼1, 2

문구 설정 : QR읽기, 이동하기

속성 | 바코드스캐너1

외부 스캐너 사용 여부 : 비활성화

※BarcodeScanner와 ActivityStarter는
뷰어창에 보이지 않는 컴포넌트입니다.

② ⌈ Blocks ⌋ 코딩

버튼1을 클릭했을 때
　실행하기. 바코드스캐너1의 스캔 기능 호출하기

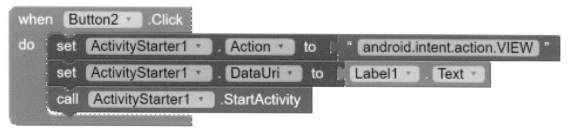

바코드스캐너1의 스캔 작업 후
　실행하기. 레이블1의 문구 설정 : 스캔 작업 결과

when Button2 .Click
do　set ActivityStarter1 . Action to " android.intent.action.VIEW "
　　set ActivityStarter1 . DataUri to Label1 . Text
　　call ActivityStarter1 .StartActivity

버튼2를 클릭했을 때
　실행하기. 액티비티스타터1의 액션 설정 : android.intent.action,VIEW // 안드로이드OS에서
　　　기본적으로 제공되는 기능 중 웹뷰어를 하겠다는 의미입니다.
　　　액티비티스타터1의 데이터URI 설정 : 레이블1의 문구
　　　액티비티스타터1의 액티비티 시작 기능 호출하기 // 기기에 설정된 기본 웹브라우저
　　를 통해 데이터URI로 리딩된 웹페이지로 이동하게 됩니다.

ActivityStarter에는 다양한 기능이 있습니다. 주요 기능을 소개합니다.	
카메라 앱 실행 기능	Action: android.intent.action.MAIN ActivityPackage: com.google.android.camera ActivityClass: com.android.camera.Camera
웹브라우저 실행 기능	Action: android.intent.action.VIEW DataUri: http://news.google.com
이메일 보내기 기능	Action: android.intent.action.VIEW DataUri: mailto:santa@northpole.com

왜 만드나
(개발의도)

요새 고래가 유행이라, 고래를 움직이는 게임을 만들어보겠습니다.

뭘 써서 만드나
(사용 컴포넌트-팔레트)

Drawing and Animation – Canvas1

Drawing and Animation - ImageSprite1

Layout - TableArrangement1

User Interface – Button1, 2, 3, 4

뭐가 필요한가
(준비물)

고래 이미지 67_whale.png

어떻게 만드니
(코딩 시작)

① Designer

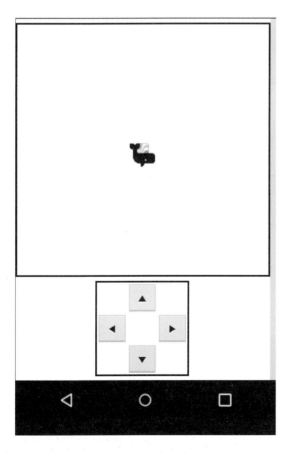

컴포넌트

스크린1
  └ 캔버스1
      └ 이미지스프라이트1
  └ 테이블정렬레이아웃1
      └ 버튼1
      └ 버튼2
      └ 버튼3
      └ 버튼4

속성 | 스크린1
상태바, 타이틀 보임 설정 해제

속성 | 캔버스1
높이, 너비 설정 : Fill parent

속성 | 이미지스프라이트1
방향 0, 간격 100, 속도 5
X 140 Y 140 Z 1

속성 | 테이블정렬레이아웃1
3행 3열

속성 | 버튼1, 2, 3, 4
문구 설정 : ▲, ◀, ▶, ▼

② Blocks 코딩

```
initialize global head to 0
```

전역변수 head 의 초기값 설정 : 0 // 방향 0으로 시작함. 3시 방향임

```
when  Button1 .TouchDown
do    set  ImageSprite1 . Heading  to  90
```

버튼1을 클릭했을 때
  실행하기. 이미지스프라이트1의 방향 설정 : 90 // 시계방향으로 12시

```
when  Button2 .TouchDown
do    set  ImageSprite1 . Heading  to  180
```

버튼2를 클릭했을 때
  실행하기. 이미지스프라이트1의 방향 설정 : 180 // 시계방향으로 9시

```
when  Button3 .TouchDown
do    set  ImageSprite1 . Heading  to  0
```

버튼3을 클릭했을 때
  실행하기. 이미지스프라이트1의 방향 설정 : 0 // 시계방향으로 3시

```
when  Button4 .TouchDown
do    set  ImageSprite1 . Heading  to  -90
```

버튼4를 클릭했을 때
  실행하기. 이미지스프라이트1의 방향 설정 : -90 // 시계방향으로 6시

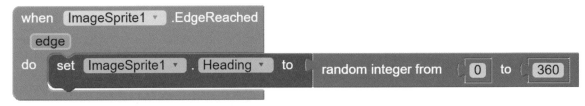

이미지스프라이트1이 가장자리에 도착했을 때
실행하기. 이미지스프라이트1의 방향 설정 : 0에서 360 사이의 랜덤 정수 // 무작위 방향으로
설정하여 튕기는
동작 구현

방향 설정 방법

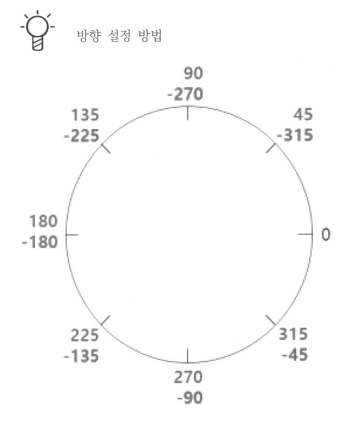

그림은 여기에

https://bit.ly/100apps_image

스마트폰을 움직여서 고래를 움직이는 게임을 만들어보겠습니다.

뭘 써서 만드나
(사용 컴포넌트-팔레트)

Drawing and Animation - Canvas1

Drawing and Animation - ImageSprite1

Sensors - GyroscopeSensor1

뭐가 필요한가
(준비물)

고래 이미지 67_whale.png

어떻게 만드니
(코딩 시작)

① Designer

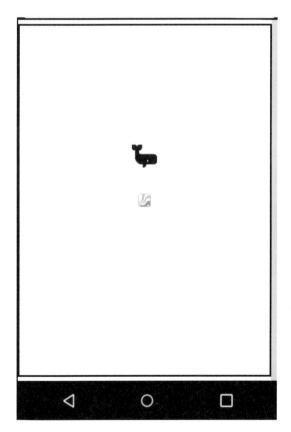

컴포넌트

스크린1
  └ 캔버스1
    └ 이미지스프라이트1
  └ 자이로스코프센서1

속성 | 스크린1
상태바, 타이틀 보임 설정 해제

속성 | 캔버스1
높이, 너비 설정 : Fill parent

속성 | 이미지스프라이트1
방향 0, 간격 100, 속도 5
X 140 Y 140 Z 1

※GyroscopeSensor는 뷰어창에 보이지
  않는 컴포넌트입니다.

- 프로젝트67에 비해 간단합니다. 코딩 역시 간단합니다.

② Blocks 코딩

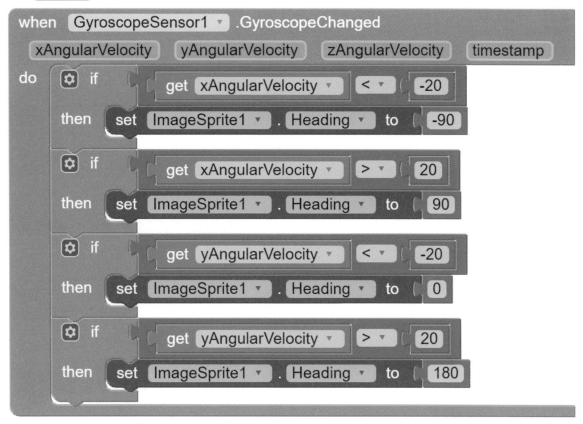

자이로스코프센서1의 자이로스코프 회전 각도가 변경되었을 때

실행하기. 만약 x각의 속도값 -20보다 작다면 // 비교값은 수정할 수 있다
그러면 이미지스프라이트1의 방향 설정 : -90 // 기울이면 방향 변경
만약 x각의 속도값 20보다 크다면
그러면 이미지스프라이트1의 방향 설정 : 90
만약 y각의 속도값 -20보다 작다면
그러면 이미지스프라이트1의 방향 설정 : 0
만약 y각의 속도값 20보다 크다면
그러면 이미지스프라이트1의 방향 설정 : 180

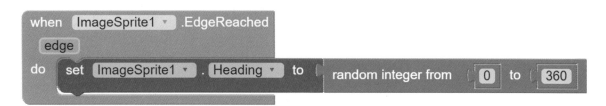

이미지스프라이트1이 가장자리에 도착했을 때
실행하기. 이미지스프라이트1의 방향 설정 : 0에서 360 사이의 랜덤 정수

275

멸종위기종 고래를 잡으려는 어선과 그물로부터 고래를 지켜주세요. 기회는 단 5회!

뭘 써서 만드나
(사용 컴포넌트-팔레트)

User Interface – Label1, 2

User Interface – Button1

Layout – HorizontalArrangement1

Drawing and Animation – Canvas1

Drawing and Animation – ImageSprite1, 2, 3, 4, 5, 6, 7

Sensors – GyroscopeSensor1

Sensors – Clock1, 2, 3

뭐가 필요한가
(준비물)

고래 이미지 67_whale.png 어선 이미지 69_fisher1 그물 이미지 69_fisher2

어떻게 만드니
(코딩 시작)

① ⬚ Designer ⬚

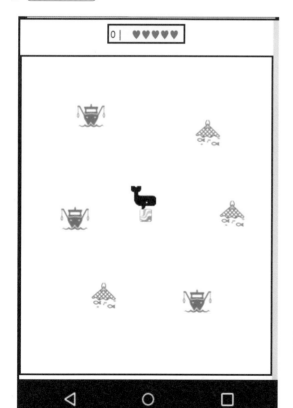

컴포넌트

스크린1

└ **수평정렬레이아웃1**

　└ **레이블1**

　└ **레이블2**

└ **레이블3**

└ **캔버스1**

　└ **이미지스프라이트1**

　└ **이미지스프라이트2**

　└ ...

　└ **이미지스프라이트7**

└ **버튼1**

└ **자이로스코프센서1**

└ **시계1**

└ **시계2**

└ **시계3**

속성 | 스크린1

상태바, 타이틀 보임 설정 해제

속성 | 레이블1
문구 설정 : 0 |
※ 남은 시간을 알려주는 레이블

속성 | 레이블2
문구 설정 : ♥♥♥♥♥, 빨강
※ 남은 기회를 알려주는 레이블

속성 | 캔버스1
높이, 너비 설정 : Fill parent

속성 | 이미지스프라이트1
방향 0, 간격 100, 속도 5
X 140 Y 140 Z 1
이미지 설정 : 고래

속성 | 이미지스프라이트2, 3, 4
방향 0, 간격 100, 속도 0
위치 설정 : 적당히 드래그-드롭
이미지 설정 : 어선

속성 | 이미지스프라이트5, 6, 7
방향 0, 간격 100, 속도 0
위치 설정 : 적당히 드래그-드롭
이미지 설정 : 그물

※어선과 그물 이미지스프라이트는 움직이지 않고 랜덤 위치에서 나타나고 사라짐을 반복할 예정입니다.

속성 | 버튼1
문구 설정 : 다시 시작

속성 | 시계1
시간 간격 설정 : 100

속성 | 시계2
시간 간격 설정 : 500

속성 | 시계3
시간 간격 설정 : 1000

※GyroscopeSensor과 Clock은 뷰어창에 보이지 않는 컴포넌트입니다.

② Blocks 코딩

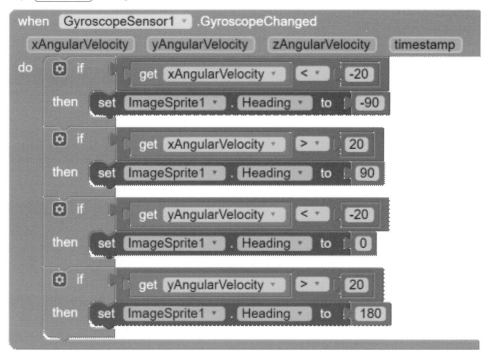

자이로스코프센서1의 자이로스코프 회전 각도가 변경되었을 때

　실행하기.만약　x각의 속도값　-20보다 작다면
　　　　그러면　이미지스프라이트1의 방향 설정 : -90
　　　　만약　x각의 속도값　20보다 크다면
　　　　그러면　이미지스프라이트1의 방향 설정 : 90
　　　　만약　y각의 속도값　-20보다 작다면
　　　　그러면　이미지스프라이트1의 방향 설정 : 0
　　　　만약　y각의 속도값　20보다 크다면
　　　　그러면　이미지스프라이트1의 방향 설정 : 180

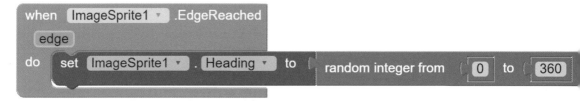

이미지스프라이트1이 가장자리에 도착했을 때
　실행하기. 이미지스프라이트1의 방향 설정 : 0에서 360 사이의 랜덤 정수

initialize global (time) to (0

전역변수 time 의 초기값 설정 : 0 // 고래가 생존한 시간입니다

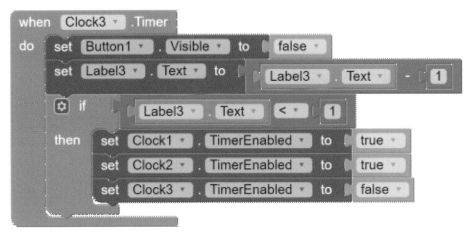

```
initialize global  life  to    5
```

전역변수 life 의 초기값 설정 : 5 // 게임을 할 수 있는 기회입니다

```
when  Button1 .Click
do   set  Button1 . Visible  to   false
     set  global time  to   0
     set  global life  to   5
     set  Clock1 . TimerEnabled  to   true
     set  Clock2 . TimerEnabled  to   true
```

버튼1을 클릭했을 때 // 다시 하기 버튼입니다.
　실행하기. 버튼1의 보임 여부 : 거짓
　　　　　전역변수 time 값 설정 : 0
　　　　　전역변수 life 값 설정 : 5
　　　　　시계1의 타이머 작동 여부 : 참
　　　　　시계2의 타이머 작동 여부 : 참

```
when  Clock3 .Timer
do   set  Button1 . Visible  to   false
     set  Label3 . Text  to   Label3 . Text  -  1
     if   Label3 . Text  <  1
     then  set  Clock1 . TimerEnabled  to   true
           set  Clock2 . TimerEnabled  to   true
           set  Clock3 . TimerEnabled  to   false
```

시계3이 작동하면 // 다음 기회까지 시작 전 3,2,1 카운트다운을 통제하는 명령어입니다.
　실행하기. 버튼1의 보임 여부 : 거짓
　　　　　레이블3의 문구 설정 : 레이블3의 문구 -1 // 타이머가 작동되면 1씩 빼기
　　　　　만약 레이블3의 문구값 1보다 작다면 // 3초가 다 지난겁니다
　　　　　시계1의 타이머 작동 여부 : 참
　　　　　시계2의 타이머 작동 여부 : 참
　　　　　시계3의 타이머 작동 여부 : 거짓

281

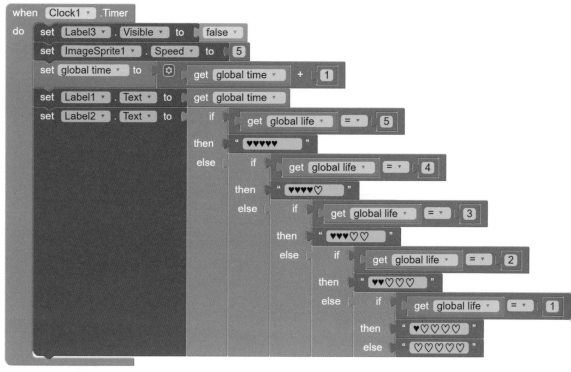

시계1이 작동하면 // 시간과 기회를 통제하는 명령어입니다.

   실행하기. 레이블3의 보임 여부 : 거짓 // 레이블3은 시작 전 카운트다운 역할입니다

       이미지스프라이트1의 속도 설정 : 0

       전역변수 time 값 설정 : 전역변수 time 값 +1

       레이블1의 문구 설정 : 전역변수 time 값

       레이블2의 문구 설정 : 만약 전역변수 life 값 5와 같다면

               그러면 ♥♥♥♥♥

               아니고 만약 전역변수 life 값 4와 같다면

               그러면 ♥♥♥♥♡

               아니고 만약 전역변수 life 값 3와 같다면

               아니고 그러면 ♥♥♥♡♡

               아니고 만약 전역변수 life 값 2와 같다면

               그러면 ♥♥♡♡♡

               아니고 만약 전역변수 life 값 1와 같다면

               그러면 ♥♡♡♡♡

               그것도 아니면 ♡♡♡♡♡ // 0이니까

시계2이 작동하면 // 어선과 그물의 위치를 통제하는 명령어입니다.
　실행하기. 이미지스프라이트2의 이동 기능 호출하기
　　　　　　　　　　　　　　　　　x : 0과 캔버스1의 너비값 사이의 랜덤수
　　　　　　　　　　　　　　　　　y : 0과 캔버스1의 높이값 사이의 랜덤수
　　　　　이미지스프라이트3의 이동 기능 호출하기
　　　　　　　　　　　　　　　　　x : 0과 캔버스1의 너비값 사이의 랜덤수
　　　　　　　　　　　　　　　　　y : 0과 캔버스1의 높이값 사이의 랜덤수

　　　　　　　　　　　　　　　... 증략 ...

　　　　　이미지스프라이트6의 이동 기능 호출하기
　　　　　　　　　　　　　　　　　x : 0과 캔버스1의 너비값 사이의 랜덤수
　　　　　　　　　　　　　　　　　y : 0과 캔버스1의 높이값 사이의 랜덤수
　　　　　이미지스프라이트7의 이동 기능 호출하기
　　　　　　　　　　　　　　　　　x : 0과 캔버스1의 너비값 사이의 랜덤수
　　　　　　　　　　　　　　　　　y : 0과 캔버스1의 높이값 사이의 랜덤수

```
when  ImageSprite1 ▾ .CollidedWith
  other
do    set  ImageSprite1 ▾ . Speed ▾  to    0
      set  Label3 ▾ . Visible ▾  to   true ▾

      ⚙ if          get  global life ▾   > ▾   1
      then    set  global life ▾  to    ⚙   get  global life ▾   +   -1
              set  Clock1 ▾ . TimerEnabled ▾  to   false ▾
              set  Clock2 ▾ . TimerEnabled ▾  to   false ▾
              set  Label3 ▾ . Text ▾  to   3
              set  Clock3 ▾ . TimerEnabled ▾  to   true ▾

      else    set  Label2 ▾ . Text ▾  to   " ♡♡♡♡♡ "
              set  Label3 ▾ . Text ▾  to   " GAMEOVER "
              set  Clock1 ▾ . TimerEnabled ▾  to   false ▾
              set  Clock2 ▾ . TimerEnabled ▾  to   false ▾
              set  Clock3 ▾ . TimerEnabled ▾  to   false ▾
              set  Button1 ▾ . Visible ▾  to   true ▾
```

이미지스프라이트1이 충돌했을 때 // 고래가 어선이나 그물에 닿았을 때
  실행하기. 이미지스프라이트1의 속도 설정 : 0 // 잡혔으니까 멈춰야죠
      레이블3의 보임 여부 : 참 // 카운트다운 준비
      만약 전역변수 life 값 1보다 크다면
      그러면 전역변수 life 값 -1
          시계1의 타이머 작동 여부 : 거짓
          시계2의 타이머 작동 여부 : 거짓
          레이블3의 문구 설정 : 3
          시계3의 타이머 작동 여부 : 참
      아니면 레이블2의 문구 설정 : ♡♡♡♡♡ // 모든 기회 소진
          레이블3의 문구 설정 : GAMEOVER
          시계1의 타이머 작동 여부 : 거짓
          시계2의 타이머 작동 여부 : 거짓
          시계3의 타이머 작동 여부 : 거짓
          버튼1의 보임 여부 : 참 // 다시 시작 버튼 나타남

그림은 여기에   https://bit.ly/100apps_image

137걸음

걷기 그만

처음부터

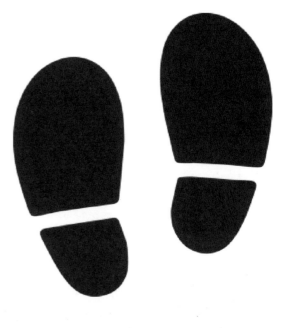

Pedometer 기능을 활용하여 만보계를 만들어보겠습니다.

뭘 써서 만드나
(사용 컴포넌트-팔레트)

User Interface - Label1

User Interface - Button1, 2, 3

User Interface - Image1

Sensors - Pedometer1

뭐가 필요한가
(준비물)

걸음 이미지 (왼발) 70_feet1.png (오른발)70_feet2.png

어떻게 만드니
(코딩 시작)

① Designer

컴포넌트
스크린1
- └ 레이블1
- └ 버튼1
- └ 버튼2
- └ 버튼3
- └ 이미지1
- └ 걸음수측정1

속성 | 스크린1
상태바, 타이틀 보임 설정 해제

속성 | 레이블1
문구 설정 : 0걸음

속성 | 버튼1, 2, 3
문구 설정 : 걷기 시작, 걷기 그만,
처음부터

속성 | 이미지1
높이, 너비 설정 : Fill parent

※Pedometer는 뷰어창에 보이지 않는
컴포넌트입니다.

② ⬚Blocks⬚ 코딩

```
initialize global step to 0
```

전역변수 step 의 초기값 설정 : 0 // 아직 한 걸음도 안 걸었으니까

```
when  Screen1 .Initialize
do   set Button2 . Visible to false
     set Button3 . Visible to false
     set Image1 . Visible to false
```

스크린1이 초기화되었을 때

실행하기. 버튼2 보임 여부 설정 : 거짓 // 시작도 안 했는데 그만이라니
버튼3 보임 여부 설정 : 거짓 // 시작도 안 했는데 처음부터라니
이미지1 보임 여부 설정 : 거짓 // 시작을 해야 발자국도 생기지

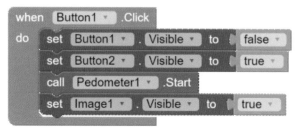

버튼1을 클릭했을 때

실행하기. 버튼1 보임 여부 설정 : 거짓 // 시작했으니까 필요없는 버튼
버튼2 보임 여부 설정 : 참 // 잠깐 쉬고 싶을 때
걸음수측정1 시작 기능 호출하기
이미지1 보임 여부 설정 : 참 // 발 그림도 함께

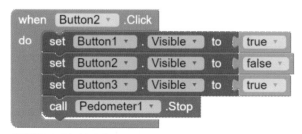

버튼2를 클릭했을 때

실행하기. 버튼1 보임 여부 설정 : 참 // 쉬었다가 다시 갈 수도 있으니까
버튼2 보임 여부 설정 : 거짓 // 이미 클릭했으므로
버튼3 보임 여부 설정 : 참 // 처음부터 하고 싶을 수도 있으니까
걸음수측정1 정지 기능 호출하기

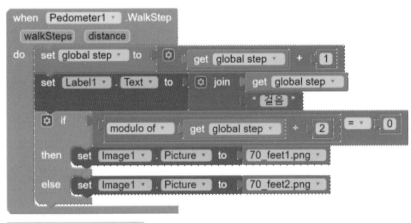

버튼3을 클릭했을 때

   실행하기. 버튼1 보임 여부 설정 : 참 // 처음부터 시작하기 위해

             버튼2 보임 여부 설정 : 거짓

             버튼3 보임 여부 설정 : 거짓

             걸음수측정1 리셋 기능 호출하기

             전역변수 step 값 설정 : 0 // 다시 처음 0걸음부터

             레이블1 문구 설정 : 조합 – 전역변수 step 값

                        걸음

걸음측정1이 작동할 때

   실행하기. 전역변수 step 설정 : 전역변수 step 값 + 1

             레이블1 문구 설정 : 조합 – 전역변수 step 값

                        걸음

만약 전역변수 step 값 나누기 2의 나머지가 0이면 // 걸음수가 짝수라면

그러면 이미지1의 그림 설정 : 70_feet1.png // 한쪽 발이 앞으로 내민 그림

아니면 이미지1의 그림 설정 : 70_feet2.png // 걸음수가 홀수라면 다른쪽 발이 앞으로 내민

                                그림

걸음을 걸을 때마다 재미를 느끼기 위해 변화하는 발바닥 이미지를 넣었습니다.
1,000걸음마다 응원하는 이미지가, 10,000걸음에서는 목표에 도달한 이미지가 나와도
재미있을 것 같습니다.

그림은 여기에   https://bit.ly/100apps_image

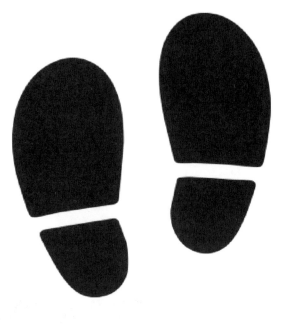

걸음수 : 137걸음
걸은 거리 :100.01m

걷기 그만

Pedometer 기능을 활용하여 걸음 수는 물론 걸은 거리를 측정하는 만보계를 만들어보겠습니다.

User Interface - Label1, 2

User Interface - Button1, 2, 3

User Interface - Image1

Sensors - Pedometer1

걸음 이미지 (왼발) 70_feet1.png (오른발)70_feet2.png

① Designer

컴포넌트

스크린1
└ 레이블1
└ 버튼1
└ 버튼2
└ 버튼3
└ 이미지1
└ 걸음수측정1

속성 | 스크린1
상태바, 타이틀 보임 설정 해제

속성 | 레이블1, 2
문구 설정 : 걸음수 : 0걸음
　　　　　　걸은 거리 : 0m

속성 | 버튼1, 2, 3
문구 설정 : 걷기 시작, 걷기 그만,
　　　　　　처음부터

속성 | 이미지1
높이, 너비 설정 : Fill parent

※Pedometer는 뷰어창에 보이지 않는
　컴포넌트입니다.

② [Blocks] 코딩

```
initialize global (step) to ( 0
```

전역변수 step 의 초기값 설정 : 0 // 아직 한 걸음도 안 걸었으니까

```
when  Screen1 · .Initialize
do    set  Button2 · . Visible · to ( false ·
      set  Button3 · . Visible · to ( false ·
      set  Image1 · . Visible · to ( false ·
      set  Label2 · . Visible · to ( false ·
```

스크린1이 초기화되었을 때
  실행하기. 버튼2 보임 여부 설정 : 거짓
            버튼3 보임 여부 설정 : 거짓
            이미지1 보임 여부 설정 : 거짓
            레이블2 보임 여부 설정 : 거짓

```
when  Button1 · .Click
do    set  Button1 · . Visible · to ( false ·
      set  Button2 · . Visible · to ( true ·
      call  Pedometer1 · .Start
      set  Image1 · . Visible · to ( true ·
      set  Label2 · . Visible · to ( true ·
```

버튼1을 클릭했을 때
  실행하기. 버튼1 보임 여부 설정 : 거짓
            버튼2 보임 여부 설정 : 참
            걸음수측정1 시작 기능 호출하기
            이미지1 보임 여부 설정 : 참
            레이블2 보임 여부 설정 : 참

```
when  Button2 · .Click
do    set  Button1 · . Visible · to ( true ·
      set  Button2 · . Visible · to ( false ·
      set  Button3 · . Visible · to ( true ·
      call  Pedometer1 · .Stop
```

버튼2를 클릭했을 때
  실행하기. 버튼1 보임 여부 설정 : 참
            버튼2 보임 여부 설정 : 거짓
            버튼3 보임 여부 설정 : 참
            걸음수측정1 정지 기능 호출하기

291

```
when  Button3 · .Click
do    set  Button1 · . Visible · to    true ·
      set  Button2 · . Visible · to    false ·
      set  Button3 · . Visible · to    false ·
      call  Pedometer1 · .Reset
      set  global step · to    0
      set  Label1 · . Text · to    ✿ join  " 걸음수 : "
                                            get global step ·
                                            " 걸음 "
      set  Label2 · . Text · to    ✿ join  " 걸은 거리 : "
                                            ✿  get global step ·  ×  .73
                                            " m "
```

버튼3을 클릭했을 때
　실행하기. 버튼1 보임 여부 설정 : 참
　　　　　 버튼2 보임 여부 설정 : 거짓
　　　　　 버튼3 보임 여부 설정 : 거짓
　　　　　 걸음수측정1 리셋 기능 호출하기
　　　　　 전역변수 step 값 설정 : 0
　　　　　 레이블1 문구 설정 : 조합 – 전역변수 step 값
　　　　　　　　　　　　　　　　 걸음
　　　　　 레이블2 문구 설정 : 조합 – 전역변수 step 값 × .73 // 평균 보폭 73cm
　　　　　　　　　　　　　　　　 m

```
when  Pedometer1 · .WalkStep
      walkSteps   distance
do    set  global step · to   ✿  get global step ·  +  1
      set  Label1 · . Text · to    ✿ join  " 걸음수 : "
                                            get global step ·
                                            " 걸음 "
      set  Label2 · . Text · to    ✿ join  " 걸은 거리 : "
                                            ✿  get global step ·  ×  .73
                                            " m "
      ✿ if   modulo of · get global step · ÷ 2  = ·  0
      then   set  Image1 · . Picture · to   70_feet1.png ·
      else   set  Image1 · . Picture · to   70_feet2.png ·
```

걸음측정1이 작동할 때
　실행하기. 전역변수 step 설정 : 전역변수 step 값 + 1
　　　　　 레이블1 문구 설정 : 조합 – 전역변수 step 값
　　　　　　　　　　　　　　　　 걸음
　　　　　 레이블2 문구 설정 : 조합 – 전역변수 step 값 × .73
　　　　　　　　　　　　　　　　 m
　만약 전역변수 step 값 나누기 2의 나머지가 0이면 // 걸음수가 짝수라면
　그러면 이미지1의 그림 설정 : 70_feet1.png // 한쪽 발이 앞으로 내민 그림
　아니면 이미지1의 그림 설정 : 70_feet2.png // 걸음수가 홀수라면 다른쪽 발 그림

방위각 : 330.47134

왜 만드나
(개발의도)

도와주세요! 길을 잃었어요!! 여기 나침반 앱이 있습니다!!!

　　뭘 써서 만드나
(사용 컴포넌트-팔레트)

User Interface - Label1
Drawing and Animation - Canvas1
Drawing and Animation - ImageSprite1
Sensors - OrientationSensor1

뭐가 필요한가
　　(준비물)

나침판 이미지 72_compass.png

어떻게 만드니
　　(코딩 시작)

① Designer

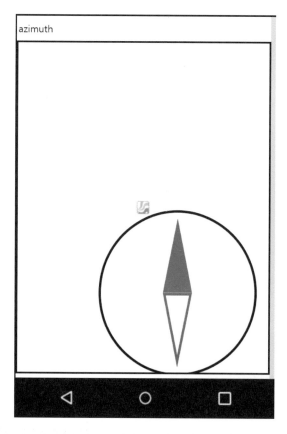

컴포넌트
스크린1
└ 레이블1
└ 캔버스1
　└ 이미지스프라이트1
└ 방향센서1

속성 | 스크린1
상태바, 타이틀 보임 설정 해제

속성 | 레이블1
문구 설정 : azimuth

속성 | 캔버스1
높이, 너비 설정 : Fill parent

속성 | 이미지스프라이트1
높이, 너비 설정 : 200pixels, 200pixels
이미지 설정 : 72_compass.png
방향 0, 속도 0.0 X 100 Y 100 Z 1

※OrientationSensor는 뷰어창에 보이지 않
　는 컴포넌트입니다.

② Blocks 코딩

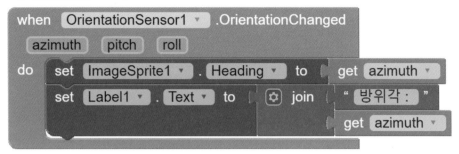

방향센서1의 방향이 바뀌었을 때
   실행하기. 이미지스프라이트1의 방향 설정 : 방향센서1의 방위각 측정결과 값
   레이블1 문구 설정 : 조합 - 방위각 :
                       방향센서1의 방위각 측정결과 값

■ 그림은 여기에

https://bit.ly/100apps_image

누르면

나온다

왜 만드나
(개발의도)

알림 팝업창 기능을 연습하는 앱입니다. 누르면? 나옵니다 :)

뭘 써서 만드나
(사용 컴포넌트-팔레트)

User Interface - Button1
User Interface - Notifier1

뭐가 필요한가
(준비물)

없습니다

어떻게 만드니
(코딩 시작)

① Designer

| 누르면 |

컴포넌트

스크린1
 ㄴ **버튼1**
 ㄴ **알림1**

속성 | 스크린1
상태바, 타이틀 보임 설정 해제

속성 | 버튼1

문구 설정 : 누르면
문구 정렬 : 중앙

※Notifier은 뷰어창에 보이지 않는 컴포넌트
 입니다.

② [Blocks] 코딩

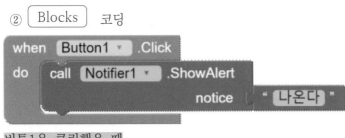

버튼1을 클릭했을 때
　실행하기. 알림1의 알림 보여주기 기능 호출하기
　　　　　　　　　　　　　　　알림문구 : 나온다

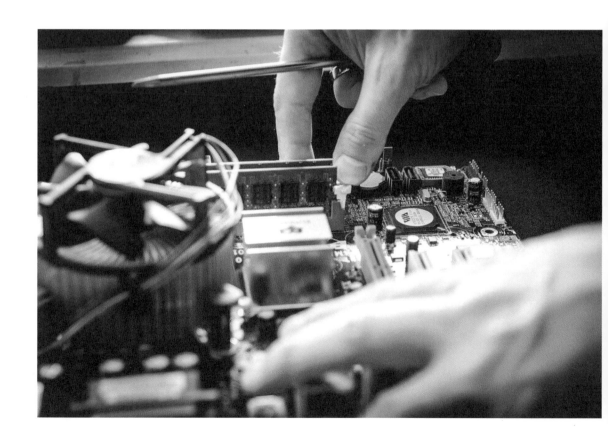

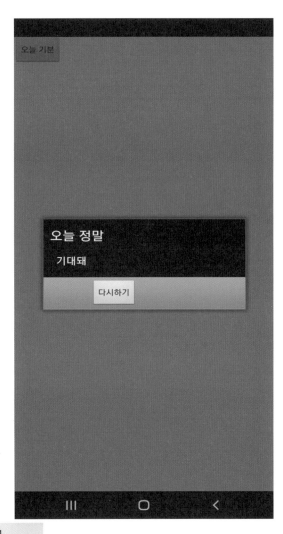

왜 만드나
(개발의도)

기분을 물어보는 앱을 만들어보겠습니다.

뭘 써서 만드나
(사용 컴포넌트-팔레트)

User Interface - Button1

User Interface - Notifier1

뭐가 필요한가
(준비물)

없습니다

어떻게 만드니
(코딩 시작)

① Designer

오늘 기분	

컴포넌트

스크린1
　└ 버튼1
　└ 알림1

속성 | 스크린1
상태바, 타이틀 보임 설정 해제

속성 | 버튼1
문구 설정 : 오늘 기분
문구 정렬 : 중앙

※Notifier은 뷰어창에 보이지 않는
　컴포넌트입니다.

② **Blocks** 코딩

버튼1을 클릭했을 때

　실행하기. 알림1의 메시지 대화 기능 호출하기

　　　　　　　　　　　　메시지 : 무작위 아이템 선택 - 리스트 신나

　　　　　　　　　　　　　　　　　　　　　　행복해

　　　　　　　　　　　　　　　　　　　　　　즐거워

　　　　　　　　　　　　　　　　　　　　　　재밌어

　　　　　　　　　　　　　　　　　　　　　　기대돼

　　　　　　　　　　　　　　　　　　　　　　상쾌해

　　　　　　　　　제목 : 오늘 정말

　　　　　　　　　버튼문구 : 다시하기

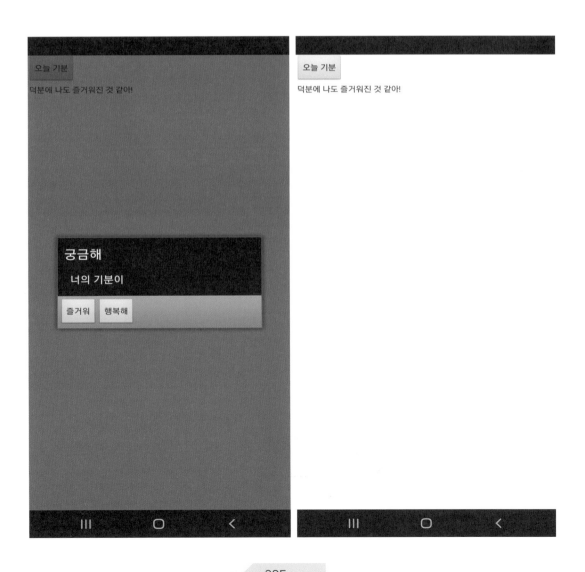

프로젝트74의 업그레이드! 사용자와의 기분을 묻고 맞장구치는 꼬마챗봇 앱을 만들어보겠습니다. "아, 그런 일이 있었구나"

뭘 써서 만드나
(사용 컴포넌트-팔레트)

User Interface - Button1

User Interface - Label1

User Interface - Notifier1

뭐가 필요한가
(준비물)

없습니다

어떻게 만드니
(코딩 시작)

① Designer

오늘 기분

컴포넌트
스크린1
└ 버튼1
└ 레이블1
└ 알림1

속성 | 스크린1
상태바, 타이틀 보임 설정 해제

속성 | 버튼1
문구 설정 : 오늘 기분
문구 정렬 : 중앙

속성 | 레이블1
보이기 여부 설정 : 비활성화

※Notifier은 뷰어창에 보이지 않는
 컴포넌트입니다.

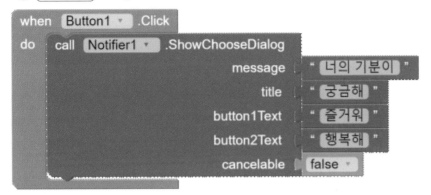

버튼1을 클릭했을 때
  실행하기. 알림1의 선택형 대화 기능 호출하기
                        메시지 : 너의 기분이
                        제목 : 궁금해
                        버튼1 문구 : 즐거워 // 알림 기능 자체 버튼1
                        버튼2 문구 : 행복해 // 알림 기능 자체 버튼2
                        취소버튼 여부 : 거짓 // 취소버튼이 나타나지 않음

알림1의 선택 후
  실행하기. 레이블1 문구 설정 : 조합 – 덕분에 나도
                            선택결과값
                            진 것 같아!
   레이블1 보임 설정 : 참 // 디자이너 파트에서 비활성화했던 레이블을 보이기 위해
                          보임 설청

왜 만드나
(개발의도)

다음에 만나요! 어플리케이션을 종료하는 알림창을 만들어보겠습니다.

뭘 써서 만드나
(사용 컴포넌트-팔레트)

User Interface - Button1

User Interface - Notifier1

뭐가 필요한가
(준비물)

없습니다

어떻게 만드니
(코딩 시작)

① Designer

컴포넌트

스크린1
 └ 버튼1
 └ 알림1

속성 | 스크린1
상태바, 타이틀 보임 설정 해제

속성 | 버튼1
문구 설정 : 종료
문구 정렬 : 중앙

※Notifier은 뷰어창에 보이지 않는
 컴포넌트입니다.

종료

② Blocks 코딩

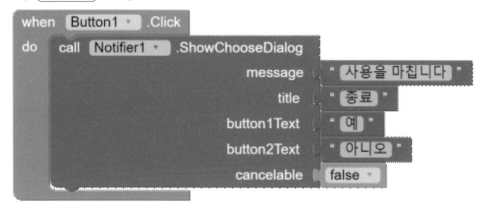

버튼1을 클릭했을 때
　실행하기. 알림1의 선택형 대화 기능 호출하기
　　　　　　　　　　　　메시지 : 사용을 마칩니다
　　　　　　　　　　　　제목 : 종료
　　　　　　　　　　　　버튼1 문구 : 예
　　　　　　　　　　　　버튼2 문구 : 아니오
　　　　　　　　　　　　취소버튼 여부 : 거짓 // 취소버튼이 나타나지 않음

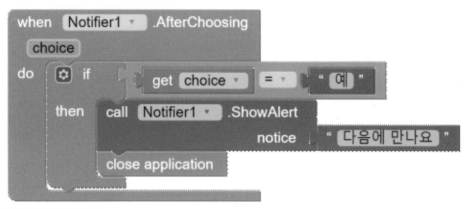

알림1의 선택 후
　실행하기. 만약 선택결과값 = 예 와 같다면
　　　　　　그러면 알림1의 알림 보여주기 기능 호출하기
　　　　　　　　　　　　　　알림문구 : 다음에 만나요
　　　　　어플리케이션 종료하기

테스트 플랫폼인 AI Companion이나 Emulator에서는
어플리케이션 종료 명령을 수행하지 않습니다.

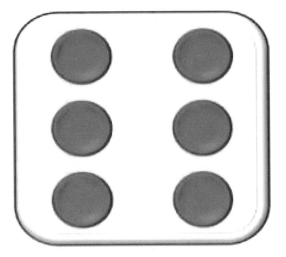

왜 만드나
(개발의도)

스마트폰을 이용한 주사위 앱입니다. 보드게임할 때 사용해보세요. 흔들면 주사위가 짠!

뭘 써서 만드나
(사용 컴포넌트-팔레트)

User Interface - Image1
Sensors - AccelerometerSensor1

뭐가 필요한가
(준비물)

주사위 이미지 84-1.png, 84-2.png, 84-3.png, 84-4.png, 84-5.png, 84-6.png,

어떻게 만드니
(코딩 시작)

① Designer

컴포넌트

스크린1
└ 이미지1
└ 가속도센서1

속성 | 스크린1

상태바, 타이틀 보임 설정 해제

속성 | 이미지1

높이, 너비 : Fill parent
이미지 설정 : 84-6png

※AccelerometerSensor는 뷰어창에 보이지
않는 컴포넌트입니다.

가속도센서1의 흔들기가 실행되었을 때

실행하기. 이미지1의 이미지 설정 : 조합 – 84-

1에서 6 사이의 랜덤 정수값

.png

 1에서 6 사이의 무작위 정수값 생성에 따라

텍스트 조합과 이미지는 다음과 같이 매칭됩니다.

정수	텍스트조합	이미지	정수	텍스트조합	이미지
1	84-1.png		4	84-4.png	
2	84-2.png		5	84-5.png	
3	84-3.png		6	84-6.png	

■ 그림은 여기에

https://bit.ly/100apps_image

```
                    function(scope, element, attr, ngSwitchController) {
    var ...value = attr.ngSwitch || attr.on,
        selectedTranscludes = [],
        selectedElements = [],
        previousElements = [],
        selectedScopes = [];

    scope.$watch(watchExpr, function ngSwitchWatchAction(value) {
        var i, ii;
        for (i = 0, ii = previousElements.length; i < ii; ++i) {
            previousElements[i].remove();
        }
        previousElements.length = 0;

        for (i = 0, ii = selectedScopes.length; i < ii; ++i) {
            var selected = selectedElements[i];
            selectedScopes[i].$destroy();
            previousElements[i] = selected;
            animate.leave(selected, function() {
                previousElements.splice(i, 1);
            });
        }

        selectedElements.length = 0;
        selectedScopes.length = 0;

        if ((selectedTrancludes = ngSwitchController.cases['!' + value] || ngSwitchC
            scope.$eval(attr.change);
            forEach(selectedTranscludes, function(selectedTransclude) {
                var selectedScope = scope.$new();
                selectedScopes.push(selectedScope);
```

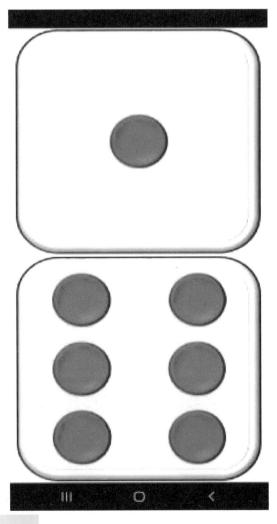

이번에는 주사위 2개입니다. 주사위 1개는 die, 주사위 2개는 dice. 신기하죠?

뭘 써서 만드나
(사용 컴포넌트-팔레트)

User Interface - Image1, 2
Sensors - AccelerometerSensor1

뭐가 필요한가
(준비물)

주사위 이미지 84-1.png, 84-2.png, 84-3.png, 84-4.png, 84-5.png, 84-6.png,

어떻게 만드니
(코딩 시작)

① Designer

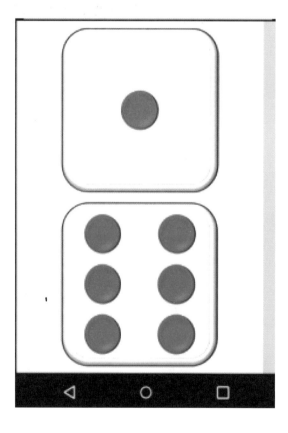

컴포넌트
스크린1
└ **이미지1**
└ **이미지2**
└ **가속도센서1**

속성 | 스크린1
상태바, 타이틀 보임 설정 해제

속성 | 이미지1
높이, 너비 : Fill parent
이미지 설정 : 84-1png

속성 | 이미지2
높이, 너비 : Fill parent
이미지 설정 : 84-6png

※AccelerometerSensor는 뷰어창에
보이지 않는 컴포넌트입니다.

a. 이미지1, 2 컴포넌트 모두 높이 설정을 Fill parent로 하면 전체 스크린의 50%씩 차지하게 됩니다.

② Blocks 코딩

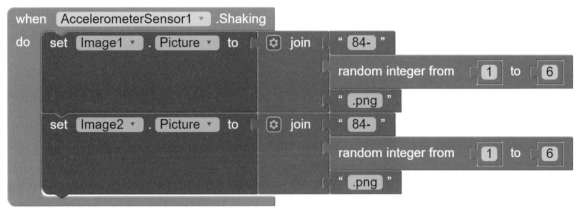

가속도센서1의 흔들기가 실행되었을 때
  실행하기. 이미지1의 이미지 설정 : 조합 - 84-
                              1에서 6 사이의 랜덤 정수값
                              .png
    이미지2의 이미지 설정 : 조합 - 84-
                              1에서 6 사이의 랜덤 정수값
                              .png

■ 그림은 여기에

https://bit.ly/100apps_image

코딩을 잘 하고 싶어요.

세상 모든 것이 그렇듯이 한순간에 갑자기 잘 되는 건 없습니다. 꾸준히 시간과 정성을 쏟아야 더 나은 무언가를 얻을 수 있지요. 그럼에도 코딩을 잘 할 수 있는 방법 3가지, S.S.S를 소개합니다.

S 첫번째 S는 simple입니다.
Simple is Smart라는 말이 있습니다. 코딩에서도 동일합니다. 같은 명령의 결과를 낸다면 더 작은 명령어를 사용한 코딩이 더 짧은 라인의 코딩이 더 좋은 코딩이라고 할 수 있습니다. 그러면 심플한 코딩을 하려면 어떻게 해야 할까요?

S 두번째 S는 sampling입니다.
커다란 과제를 분해하여 공통작업을 찾고 단계와 모듈별로 정리하는 샘플링이 좋은 코딩의 과정입니다. 과제를 모듈화할 수 있다면 작은 시뮬레이션을 통해 더 큰 프로세스로 연결할 수 있으며, 과제 내의 다른 부분에서 혹은 타 과제에서 활용할 수 있는 나만의 라이브러리가 생기는 겁니다. 그리고 샘플링을 잘 하면 반복되는 명령을 줄일 수 있고 과제 흐름을 최적화할 수 있어, 첫 번째 S인 Simple에도 도움을 줍니다.

S 마지막 S는 script입니다.
주석, 코멘트 등으로 표현할 수 있는데요. 아무리 쉬운 기계어라도 우리 인간이 평소에 쓰는 자연어와는 비교할 수 없습니다. 프로그래밍 언어 플랫폼을 작업장처럼 연습장처럼 '이런 의도로 이런 명령어를 사용하였다' '이것보다는 이렇게 해야겠다'라고 메모를 남기면 어떨까요? 특히 저는 1일 이상 코딩 작업을 할 때에는 '여기까지 했다. 다음에는 이렇게 해야겠다'라고 주석을 남깁니다. 코딩과 대화하듯이, 프로그래밍 언어와 소통하듯이 그렇게 코딩하는 방법이 바로 script입니다.

그 밖에 코딩을 잘 하는 방법으로는 정렬하기sorting, 주기적으로 저장하기saving, 기존의 방식과 다르게 낯설게strange 과제에 접근하기, 내가 만든 앱을 다른 사람과 공유share하고 피드백 받기 등이 있겠습니다.

하지만 그 무엇보다도 지금 당장 시작START하는 것보다 좋은 방법은 없겠죠?

3×1

3

제출하기

맞춘 갯수 : 2
틀린 갯수 : 0

(개발의도)

구구단을 외자! 구구단을 외자!! 구구단 게임 앱입니다.

뭘 써서 만드나
(사용 컴포넌트-팔레트)

User Interface - Label1, 2, 3, 4, 5
User Interface - Button1, 2, 3
User Interface - Slider1
User Interface - TextBox1
User Interface - Notifier1
Layout - VerticalArrangement1, 2
Layout - HorizontalArrangement1
Sensors - Clock1

뭐가 필요한가
(준비물)

없습니다

어떻게 만드니
(코딩 시작)

① Designer

재미있게 구구단을 공부합니다

주어지는 문제를 30초 안에 해결하세요

시작하기

Text for Label1

제출하기

맞춘 갯수 : 0

컴포넌트

스크린1
└ 수직정렬레이아웃2
　└ 레이블2
　└ 레이블3
　└ 버튼2
└ 수직정렬레이아웃2
　└ 슬라이더1
　└ 수평정렬레이아웃1
　　└ 레이블1
　└ 글상자1
　└ 버튼1
　└ 레이블4
　└ 레이블5
　└ 버튼3
└ 시계1
└ 알림1

속성 | 스크린1

상태바, 타이틀 보임 설정 해제

속성	수직정렬레이아웃2
높이, 너비 설정 : Fill parent

속성	레이블1, 2
문구 설정 : 재미있게 구구단을 공부합니다, 주어지는 문제를 30초 안에 해결하세요

속성	버튼2
문구 설정 : 시작하기

속성	수직정렬레이아웃1
높이, 너비 설정 : Fill parent

속성	슬라이더1
너비 : 50%, 최고값 30 최소값 0   썸네일 사용 : 비활성화, 위치 : 30

속성	수평정렬레이아웃1
별도 설정 없음

속성	레이블1
폰트 크기 : 50

속성	글상자1
폰트 크기 : 50, 숫자만 입력 : 활성화

속성	버튼2
문구 설정 : 제출하기

속성	레이블4
문구 설정 : 맞춘 개수 : 0

속성	레이블5
문구 설정 : 틀린 개수 : 0

속성	버튼3
문구 설정 : 다시하기

속성	시계1
별도 설정 없음

속성	알림1
별도 설정 없음

※Clock과 Notifier는 뷰어창에 보이지 않는 컴포넌트입니다.

② Blocks 코딩

```
initialize global O to 0    initialize global X to 0
initialize global A to 0    initialize global B to 0
```
전역변수 세팅

```
initialize global time to 30
```
전역변수 time 의 초기값 설정 : 30 // 30초 동안 문제 해결

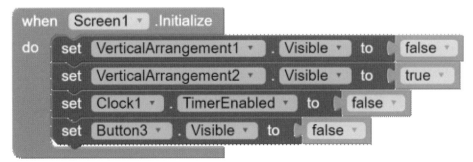

```
when Screen1 .Initialize
do  set VerticalArrangement1 . Visible to false
    set VerticalArrangement2 . Visible to true
    set Clock1 . TimerEnabled to false
    set Button3 . Visible to false
```
스크린1이 초기화되었을 때

323

실행하기. 수직정렬레이아웃1 보임 설정 : 거짓 // 퀴즈 화면 안 보이게
수직정렬레이아웃2 보임 설정 : 참 // 시작 화면만 보이게
시계1 타이머 작동 여부 설정 : 거짓 // 아직 시작 안 했으니까 시간은 멈춤
버튼3 보임 여부 설정 : 거짓 // 다시하기 버튼도 아직 등장하면 안됨

```
when Button1 .Click
do    if    (get global A × get global B) = TextBox1 . Text
      then  set global O to (get global O + 1)
            set Label4 . Text to join " 맞춘 갯수 : "
                                      get global O
      else if (get global A × get global B) ≠ TextBox1 . Text
      then  set global X to (get global X + 1)
            set Label5 . Text to join " 틀린 갯수 : "
                                      get global X
      call quiz
      set TextBox1 . Text to " "
```

버튼1을 클릭했을 때

실행하기.만약 전역변수 A × 전역변수 B 의 값이 레이블1 문구 와 같다면
그러면 전역변수 O 설정 : 전역변수 O의 값 + 1 // 답을 맞추면 전역변수O에 +1
레이블4 문구 설정 : 조합 - 맞춘 갯수 :
전역변수 O값
아니고 만약 전역변수 A × 전역변수 B 의 값이 레이블1 문구 와 다르다면
그러면 전역변수 X 설정 : 전역변수 X의 값 + 1 // 답을 못 맞추면 전역변수X에 +1
레이블5 문구 설정 : 조합 - 틀린 갯수 :
전역변수 X값

함수 quiz 호출하기
레이블1 문구 설정 : // 빈칸으로 두어 다음문제를 입력하도록 함

```
when Button2 .Click
do  set VerticalArrangement1 . Visible to true
    set VerticalArrangement2 . Visible to false
    set Clock1 . TimerEnabled to true
    call quiz
```

버튼2를 클릭했을 때

실행하기. 수직정렬레이아웃1 보임 설정 : 참 // 퀴즈 화면이 보이도록

수직정렬레이아웃2 보임 설정 : 거짓 // 시작 화면은 안 보이게

시계1 타이머 작동 여부 설정 : 참 // 이제 시간은 흐르고

함수 quiz 호출하기 // 퀴즈 함수도 호출됨

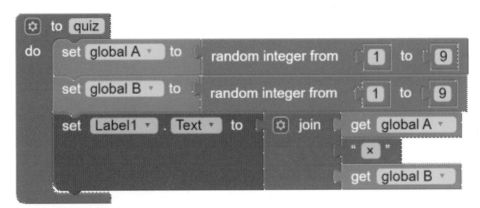

함수 : quiz를 실행하면

전역변수 A 설정 : 1에서 9 사이의 램덤 정수값 // 구구단이므로 1에서 9까지 설정

전역변수 B 설정 : 1에서 9 사이의 램덤 정수값 // A와 B를 곱하게

레이블1 문구 설정 : 조합 – 전역변수 A값

×

전역변수 B값 // 레이블1로 문제를 냄

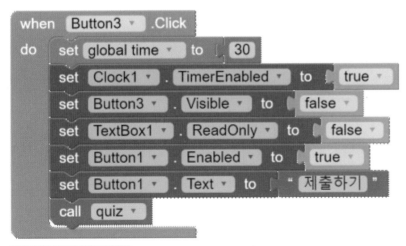

버튼3을 클릭했을 때

실행하기. 전역변수 A 값 설정 : 30 // 다시 시간을 30초 설정

시계1 타이머 작동 여부 설정 : 참 // 시간이 다시 흐르도록

버튼3 작동 여부 설정 : 거짓 // 다시하기 버튼은 숨기기

글상자1 쓰기 기능 정지 여부 설정 : 거짓 // 쓸 수 있게 정지 기능 해제

버튼1 보임 여부 설정 : 참

버튼1 문구 설정 : 제출하기

함수 quiz 호출하기

```
when  Clock1 .Timer
do    if        get  global time    >    1
      then  set  global time   to        get  global time    -  1
            set  Slider1 . ThumbPosition   to    get  global time
      else  set  Clock1 . TimerEnabled   to    false
            set  Button1 . Enabled   to    false
            set  TextBox1 . ReadOnly   to    true
            set  Button1 . Text   to    " 시간 종료! "
            set  Button3 . Visible   to    true
            call  Notifier1 .ShowAlert
                              notice    join    " 맞춘 갯수 : "
                                                get  global O
                                                " / "
                                                " 틀린 갯수 : "
                                                get  global X
```

시계1이 작동할 때
　만약　전역변수 time 값 : 1보다 크다면 // 시간이 1초 이상 남았을 때
　그러면　전역변수 time 설정 : 전역변수 time의 값 - 1 // 1초씩 줄어듦
　　　　　슬라이더1의 썸네일 위치 설정 : 전역변수 time값 // 슬라이더로 시간을 표현
　아니면　시계1 타이머 작동 여부 설정 : 거짓 // 시간이 다 지났을 때 타이머 정지
　　　　　버튼1 작동 여부 설정 : 거짓
　　　　　글상자1 쓰기 기능 정지 여부 설정 : 참
　　　　　버튼1 문구 설정 : 시간 종료!
　　　　　버튼3 보임 여부 설정 : 참 // 다시하기 버튼 보이도록
　　　　　알림1의 알림 보이기 기능 호출하기 // 결과를 보여주는 팝업창 설정
　　　　　　　　　　　　알림 메시지 : 조합 - 맞춘 갯수 :
　　　　　　　　　　　　　　　　　전역변수 O값
　　　　　　　　　　　　　　　　　틀린 갯수 :
　　　　　　　　　　　　　　　　　전역변수 X값.

TIMETABLE

TIME	MONDAY	TUESDAY
CLASS1	국어	수학
CLASS2	과학	코딩
CLASS3	영어	코딩
CLASS4	과학	-

||| ○ ‹

리스트피커 기능을 이용한 시간표 작성 앱입니다. 오늘 1교시는 뭐?!

User Interface - Label1, 2, 3, 4, 5, 6, 7, 8
User Interface - ListPicker1, 2, 3, 4, 5, 6, 7, 8
Layout - TableArrangement1

없습니다

① Designer

컴포넌트
스크린1
└ 레이블1
└ 테이블정렬레이아웃1
└ 레이블2
└ 레이블3
└ 레이블4
└ 레이블5
└ 레이블6
└ 레이블7
└ 레이블8
└ 리스트피커1
└ 리스트피커2
└ 리스트피커3
└ 리스트피커4
└ 리스트피커5
└ 리스트피커6
└ 리스트피커7
└ 리스트피커8

TIMETABLE

TIME	MONDAY	TUESDAY
CLASS1	subject	subject
CLASS2	subject	subject
CLASS3	subject	subject
CLASS4	subject	subject

속성 | 스크린1
상태바, 타이틀 보임 설정 해제

속성 | 레이블1
문구 설정 : TIMETABLE

속성 | 테이블정렬레이아웃1
높이, 너비 설정 : Fill parent

속성 | 레이블2, 3. 4
문구 설정 : TIME, MONDAY, TUESDAY

속성 | 레이블5, 6, 7, 8
문구 설정 : CLASS1, CLASS2,
　　　　　　 CLASS3, CLASS4

속성 | 리스트피커1, 2, -, 7, 8
별도 설정 없음

※예시 작품으로 월, 화요일의 1-4교시만
　제작하였습니다.

② ⌊Blocks⌋ 코딩

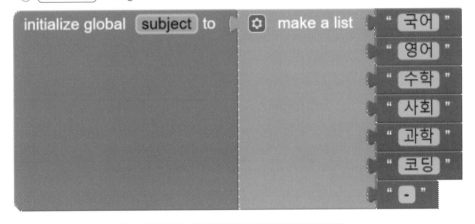

전역변수 subject 의 초기값 설정 : 리스트 만들기 국어
　　　　　　　　　　　　　　　 영어
　　　　　　　　　　　　　　　 수학
　　　　　　　　　　　　　　　 사회
　　　　　　　　　　　　　　　 과학
　　　　　　　　　　　　　　　 코딩
　　　　　　　　　　　　　　　 - // 당연한 거지만 과목명을 수정하거나
　　　　　　　　　　　　　　　　　 추가, 삭제할 수 있음

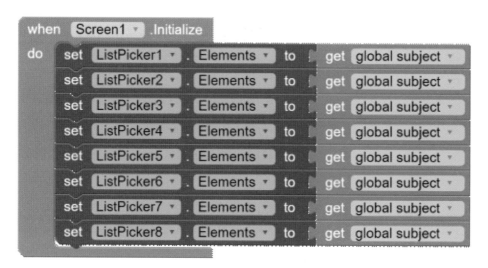

스크린1이 초기화되었을 때

　실행하기. 리스트피커1의 요소 설정 : 전역변수 subject

　　　　　　리스트피커2의 요소 설정 : 전역변수 subject

　　　　　　리스트피커3의 요소 설정 : 전역변수 subject

　　　　　　리스트피커4의 요소 설정 : 전역변수 subject

　　　　　　리스트피커5의 요소 설정 : 전역변수 subject

　　　　　　리스트피커6의 요소 설정 : 전역변수 subject

　　　　　　리스트피커7의 요소 설정 : 전역변수 subject

　　　　　　리스트피커8의 요소 설정 : 전역변수 subject

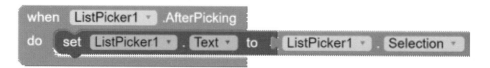

리스트피커1의 선택 작업 후

　실행하기. 리스트피커1의 문구 설정 : 리스트피커1의 선택결과

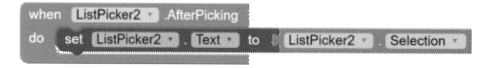

리스트피커2의 선택 작업 후

　실행하기. 리스트피커2의 문구 설정 : 리스트피커2의 선택결과

※ 나머지 리스트피커3 - 8 블록도 동일하게 코딩합니다.

1564

+1 -1 reset

숫자를 세는 일을 도와주는 앱을 만들어보겠습니다. 대규모 행사나 회의에서 참석인원이나 거수인원을 파악할 때 등에 활용할 수 있습니다.

뭘 써서 만드나
(사용 컴포넌트-팔레트)

User Interface - Label1

User Interface - Button1, 2, 3

Layout - HorizontalArrangement1

뭐가 필요한가
(준비물)

없습니다

어떻게 만드니
(코딩 시작)

① Designer

컴포넌트
스크린1
└ **레이블1**
└ **수평정렬레이아웃1**
└ **버튼1**
└ **버튼2**
└ **버튼3**

속성 | 스크린1
상태바, 타이틀 보임 설정 해제

속성 | 레이블1
높이, 너비 설정 : Fill parent
폰트 크기 : 50, 문구 설정 : 0

속성 | 수평정렬레이아웃1
너비 설정 : Fill parent

속성 | 버튼1, 2, 3
폰트 크기 : 50
문구 설정 : +1, -1, reset

②  코딩

버튼1을 클릭했을 때
  실행하기. 레이블1 문구 설정 : 레이블1 문구 + 1 // 누르면 1씩 증가함

버튼2를 클릭했을 때
  실행하기. 레이블1 문구 설정 : 레이블1 문구 + (-1) // 누르면 -1씩 증가, 즉 1씩 감소함

버튼3을 클릭했을 때
  실행하기. 레이블1 문구 설정 : 0 // 0으로 리셋함

이번 프로젝트에서는 레이블을 변수처럼 사용하였습니다.

변수는 일종의 주머니입니다. 레이블 역시 같은 용도로 사용할 수 있습니다.

코딩 블록 숫자를 줄이고 보다 간편하게 사용하기 위해 레이블을 변수처럼 사용하였습니다.

프로젝트82_todo

☑ 우유 사오기

오늘 할 일 뭐더라?! 쓰고 표시할 수 있는 메모장 앱입니다.

뭘 써서 만드나
(사용 컴포넌트-팔레트)

User Interface - CheckBox1, TextBox1

Layout - HoriaontalArrangement1

뭐가 필요한가
(준비물)

없습니다

어떻게 만드니
(코딩 시작)

① Designer

컴포넌트
스크린1
└ 수평정렬레이아웃1
└ 체크박스1
└ 글상자1

속성 │ 스크린1
상태바, 타이틀 보임 설정 해제

속성 │ 수평정렬레이아웃1
별도 설정 없음

속성 │ 체크박스1
문구 설정 :   (빈칸)

속성 │ 글상자1
폰트 크기 : 50
문구 설정 :   (빈칸)

② ⌈Blocks⌋ 코딩

initialize global `check` to `0`

전역변수 check 의 초기값 설정 : 0 // 체크박스 표시 여부를 확인하기 위한 변수입니다

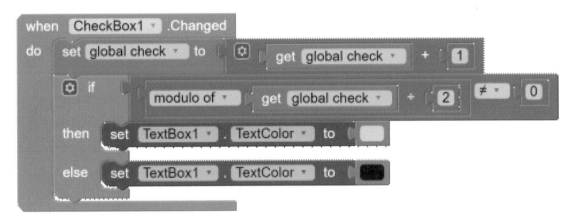

체크박스1의 상태가 바뀌면 // 체크를 하거나 체크해제를 하면
　실행하기. 전역변수 check 설정 : 전역변수 check의 값 + 1
　　　　만약 전역변수 check 값 나누기 2의 값이 : 0이 아니라면 // 홀수라면
　　　　그러면 레이블1 문구 색상 설정 : 회색 // 완료한 일이라 회색으로 흐리게 표시
　　　　그렇지 않으면 레이블1 문구 색상 설정 : 검은색 // 할 일이라 검정색으로 표시

　　　　　선택했는지, 안했는지 등과 같이 2가지 경우의 수라면 홀/짝으로
　　　　　3가지 경우의 수라면 3으로 나눈 나머지가 0/1/2로
4가지 경우의 수라면 4로 나눈 나머지가 0/1/2/3으로 설정하는 등
정수값으로 바꾸어 명령어를 작성하면 보다 용이합니다.

236

맞췄습니다. 감이 좋군요!

다시하기

||| ○   〈

시간감각을 키우는 식스센스앱입니다. 10초라고 생각되는 때에 눌러주세요. 지금이다!

User Interface - Label1, 2

User Interface - Button1, 2, 3

User Interface - Notifier1

Layout - HorizontalArrangement1

Sensors - Clock1, 2

뭐가 필요한가
(준비물)

없습니다.

어떻게 만드니
(코딩 시작)

① Designer

컴포넌트
스크린1
 └ 레이블1
 └ 버튼1
 └ 버튼2
 └ 수평정렬레이아웃1
  └ 레이블2
 └ 버튼2
 └ 버튼3
 └ 시계1
 └ 시계2
 └ 알림1

속성 | 스크린1
상태바, 타이틀 보임 설정 해제

속성 | 레이블1, 2
문구 설정 : 식스센스! 5초를 맞춰라!!

　　　　123

속성 | 버튼1, 2, 3
문구 설정 : 시작하기, 지금이다!,

　　　　다시하기

속성 | 수평정렬레이아웃1
수평, 수직 정렬 : Center, Center
높이 설정 : 20%

속성 | 시계1
시간간격 : 500

속성 | 시계2
시간간격 : 50

속성 | 알림1
별도 설정 없음

※Clock과 Notifier는 뷰어창에 보이지 않는 컴포넌트입니다.

② ⌈Blocks⌋ 코딩

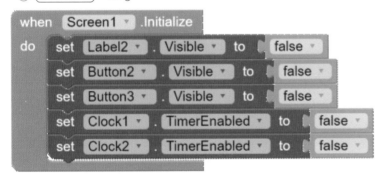

스크린1이 초기화되었을 때
　실행하기. 레이블2 문구 설정 : 거짓 // 시작전이라 숨김
　　　　　　버튼2 보임 여부 설정 : 거짓
　　　　　　버튼3 보임 여부 설정 : 거짓
　　　　　　시계1 작동 여부 설정 : 거짓
　　　　　　시계2 작동 여부 설정 : 거짓

initialize global time to .5

전역변수 time 의 초기값 설정 : 0.5 // 시작시각을 0.5초로 설정

버튼1을 클릭했을 때
　실행하기. 함수 start 기능 호출하기

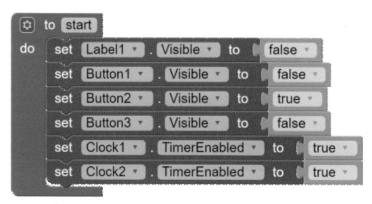

함수 : start를 실행하면

　레이블1 보임 여부 설정 : 거짓 // 제목 숨기기

　버튼1 보임 여부 설정 : 거짓 // 시작 버튼도 숨기기

　버튼2 보임 여부 설정 : 참 // 지금이다! 버튼 보이기

　버튼3 보임 여부 설정 : 거짓

　시계1 작동 여부 설정 : 참 // 10초 미션을 측정하는 시계1

　시계2 작동 여부 설정 : 참 // 헷갈리게 랜덤 숫자를 보여주는 시계2

시계1이 작동할 때

　실행하기. 전역변수 time 설정 : 전역변수 time의 값 + 5 // 시계1의 시간 간격이 500ms, 즉
　　　　　　　　　　　　　　　　　　　　　　　　　　　　0.5초이므로 0.5초씩 증가

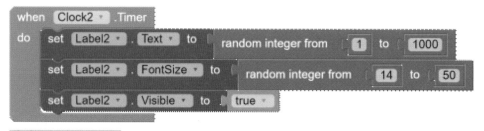

시계2이 작동할 때

　실행하기. 레이블2 문구 설정 : 1에서 1000 사이의 랜덤 정수값 // 랜덤 숫자 표기

　　　　　레이블2 폰트 크기 설정 : 14에서 50 사이의 랜덤 정수값 // 크기도 랜덤으로

　　　　　레이블2 보임 여부 설정 : 참

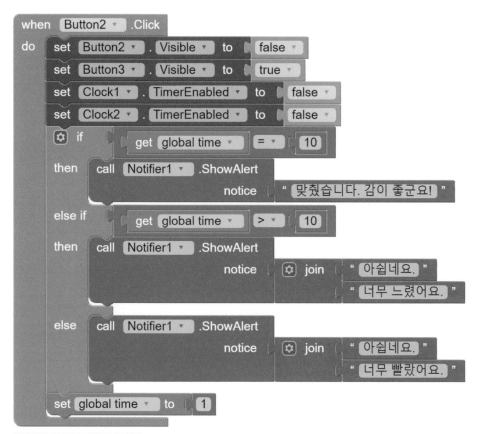

버튼2를 클릭했을 때

실행하기. 버튼2 보임 여부 설정 : 거짓

버튼3 보임 여부 설정 : 참

시계1 작동 여부 설정 : 거짓 // 시간 멈추기

시계2 작동 여부 설정 : 거짓 // 헷갈리게 하는 숫자도 멈추기

만약 전역변수 time 값 : 10이면

그러면 알림1 알림창 보이기 호출하기

알림창 : 맞췄습니다. 감이 좋군요!

아니고 만약 전역변수 time 값 : 10보다 크다면

그러면 알림1 알림창 보이기 호출하기

알림창 : 아쉽네요. 너무 느렸어요.

그것도 아니면 알림1 알림창 보이기 호출하기

알림창 : 맞췄습니다. 너무 빨랐어요

전역변수 time 값 설정 : 1 // 다음 게임을 위해 변수값 1로 설정

버튼3을 클릭했을 때

실행하기. 함수 start 기능 호출하기

가위바위보 시작!

스마트폰에게 가위바위보를 시켜보겠습니다. 친구들과 가위바위보할 때 "가위♫ 바위♪ 보"
노래하면서 손을 내밀 듯이, 스마트폰 역시 "가위♫ 바위♪"하면서 손을 낼 것입니다.

뭘 써서 만드나
(사용 컴포넌트-팔레트)
User Interface - Label1, 2
User Interface - Button1
User Interface - Image1
Sensors - Clock1

뭐가 필요한가
(준비물)
가위바위보 이미지 84-1.png, 84-2.png, 84-3.png

어떻게 만드니
(코딩 시작)

① Designer

컴포넌트
스크린1
└ **이미지1**
└ **버튼1**
└ **레이블1**
└ **레이블2**
└ **시계1**

속성 | 스크린1
상태바, 타이틀 보임 설정 해제

속성 | 이미지1
별도 설정 없음

속성 | 버튼1
문구 설정 : 가위바위보 시작!

속성 | 레이블1
폰트 크기 : 50, 문구 설정 : 가위!

속성 | 레이블2
폰트 크기 : 70, 문구 설정 : 바위!

속성 | 시계1
시간 간격 : 300

② ⬚Blocks⬚ 코딩

```
initialize global  timer  to    0
```

전역변수 timer 의 초기값 설정 : 0 // 가위바위보를 통제하는 시간 변수

```
when  Screen1 ▾ .Initialize
do    set  Clock1 ▾ . TimerEnabled ▾  to   false ▾
      call  initialize ▾
```

스크린1이 초기화되었을 때
　실행하기. 시계1 작동 여부 설정 : 거짓 // 아직 시간이 흐르면 안됨
　　　　　함수 initialize 호출하기 // 두 번 사용할 명령어를 함수 정의로 묶음

```
⚙ to  initialize
do   set  Image1 ▾ . Visible ▾  to   false ▾
     set  Label1 ▾ . Visible ▾  to   false ▾
     set  Label2 ▾ . Visible ▾  to   false ▾
     set  Button1 ▾ . Visible ▾  to   true ▾
```

함수 : initialize를 실행하면
　이미지1 보임 여부 설정 : 거짓 // 가위바위보 이미지 숨기기
　레이블1 보임 여부 설정 : 거짓 // 가위! 레이블도 숨기기
　레이블2 보임 여부 설정 : 거짓 // 바위! 레이블도 숨기기
　버튼1 보임 여부 설정 : 참 // 시작버튼은 보이기

```
when  Button1 ▾ .Click
do    call  initialize ▾
      set  global timer ▾  to    0
      set  Button1 ▾ . Visible ▾  to   false ▾
      set  Clock1 ▾ . TimerEnabled ▾  to   true ▾
```

버튼1을 클릭했을 때
　실행하기. 함수 initialize 호출하기
　　　　　전역변수 timer 의 초기값 설정 : 0
　　　　　버튼1 보임 여부 설정 : 거짓
　　　　　시계1 작동 여부 설정 : 참 // 가위바위보 시계 작동 시작

347

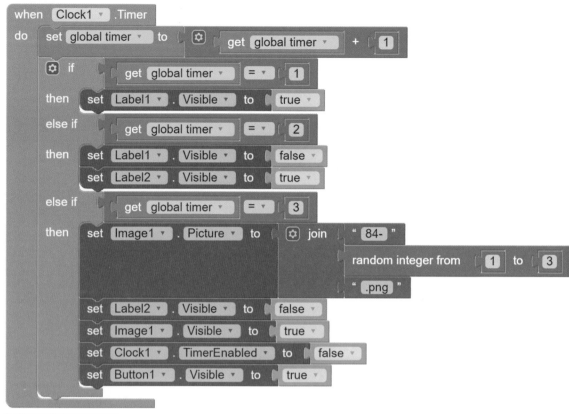

시계1이 작동할 때

실행하기. 전역변수 timer 설정 : 전역변수 timer의 값 + 1 // 1초씩 흐르는데

만약 전역변수 timer 값 : 1이면 // 1초가 되면

그러면 레이블1 보임 여부 설정 : 참 // 가위! 레이블 등장

아니고 만약 전역변수 timer 값 : 2면 // 2초가 되면

그러면 레이블1 보임 여부 설정 : 거짓 // 가위! 레이블은 사라지고

레이블2 보임 여부 설정 : 참 // 바위! 레이블 등장

아니고 만약 전역변수 timer 값 : 3이면 // 3초가 되면

그러면 이미지1 그림 설정 : 조합 – 84-

1에서 3 사이의 랜덤 정수값

.png // 84-1.png, 84-2.png, 84-3.png

중에 1개가 선택됨

레이블1 보임 여부 설정 : 거짓 // 바위! 레이블은 사라지고

이미지1 보임 여부 설정 : 참 // 가위바위보 이미지 등장

시계1 작동 여부 설정 : 거짓 // 시간은 멈추고

버튼1 보임 여부 설정 : 참 // 시작버튼 보이기

▉ 그림은 여기에

https://bit.ly/100apps_image

759

| + | - | × | ÷ |

85

=

64515

다 지우기

왜 만드나
(개발의도)

더하기-빼기-곱하기-나누기를 할 수 있는 계산기앱입니다.

뭘 써서 만드나
(사용 컴포넌트-팔레트)

User Interface - Label1

User Interface - Button1, 2, 3, 4, 5, 6

User Interface - TextBox1, 2

Layout - HorizontalArrangement1

뭐가 필요한가
(준비물)

없습니다.

어떻게 만드니
(코딩 시작)

① Designer

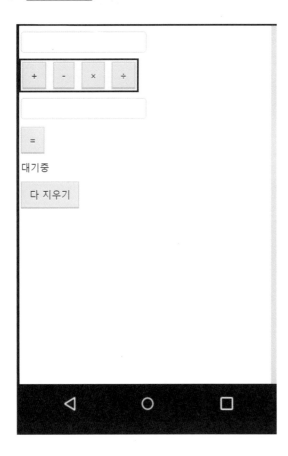

컴포넌트
스크린1
└ 글상자1
└ 수평정렬레이아웃1
└ 버튼1
└ 버튼2
└ 버튼3
└ 버튼4
└ 글상자2
└ 버튼5
└ 레이블1
└ 버튼6

속성 | 스크린1
상태바, 타이틀 보임 설정 해제

속성 | 글상자1
숫자만 입력 여부 : 활성화
문구 설정 :   (빈칸)

속성 | 수평정렬레이아웃1
별도 설정 없음

문구 설정 : +, -, ×, ÷, =

숫자만 입력 여부 : 활성화
문구 설정 :   (빈칸)

문구 설정 : 대기중

문구 설정 : 다 지우기

② Blocks 코딩

`initialize global how to 0`

전역변수 how 의 초기값 설정 : 0 // 어떤 기능을 사용하는지 설정하는 변수

```
when Button1 .Click
do   set global how to 0
```

버튼1을 클릭했을 때
 실행하기. 전역변수 how 값 설정 : 0 // 더하기 기능이라는 약속

```
when Button2 .Click
do   set global how to 1
```

버튼2를 클릭했을 때
 실행하기. 전역변수 how 값 설정 : 1 // 빼기 기능이라는 약속

```
when Button3 .Click
do   set global how to 2
```

버튼3을 클릭했을 때
 실행하기. 전역변수 how 값 설정 : 2 // 곱하기 기능이라는 약속

```
when Button4 .Click
do   set global how to 3
```

버튼4를 클릭했을 때
 실행하기. 전역변수 how 값 설정 : 3 // 나누기 기능이라는 약속

351

버튼5를 클릭했을 때
실행하기.만약 전역변수 how 값 : 0이라면
　　　그러면 레이블1 문구 설정 : 글상자1 문구 + 글상자2 문구 // 더하기
　　아니고 만약 전역변수 how 값 : 1이라면
　　　그러면 레이블1 문구 설정 : 글상자1 문구 - 글상자2 문구 // 빼기
　　아니고 만약 전역변수 how 값 : 2라면
　　　그러면 레이블1 문구 설정 : 글상자1 문구 × 글상자2 문구 // 곱하기
　　아니고 만약 전역변수 how 값 : 3라면
　　　　만약 글상자1의 문구 : 0이 아니라면
　　　　그러면 레이블1 문구 설정 : 글상자1 문구 ÷ 글상자2 문구 // 나누기
　　　　아니면 레이블1 문구 설정 : 0으로 나눌 수 없습니다!

버튼6을 클릭했을 때
실행하기. 글상자1 문구 설정 :　　　　　 // 빈칸으로 설정해서 초기화
　　　　　글상자2 문구 설정 :　　　　　 // 빈칸으로 설정해서 초기화
　　　　레이블1 문구 설정 : 대기중

왜 만드나
(개발의도)

한국의 전통 놀이, 윷놀이를 도와주는 앱입니다. 윷가락을 던지면 데굴데굴 구르다가 멈추듯이 스마트폰 윷도 변하다가 짠! 윷놀이 결과가 나옵니다.

뭘 써서 만드나
(사용 컴포넌트-팔레트)

User Interface - Image1

User Interface - Button1

Sensors - Clock1

뭐가 필요한가
(준비물)

윷놀이 이미지 86-1.png, 86-2.png, 86-3.png, 86-4.png, 86-5.png

어떻게 만드니
(코딩 시작)

① Designer

컴포넌트
스크린1
 └ 이미지1
 └ 버튼1
 └ 시계1

속성 | 스크린1
상태바, 타이틀 보임 설정 해제

속성 | 이미지1
별도 설정 없음

속성 | 버튼1
문구 정렬 : 중앙, 설정 : 윷놀이 시작!

속성 | 시계1
시간 간격 : 80

※Clock은 뷰어창에 보이지 않는
 컴포넌트입니다.

② ［Blocks］ 코딩

```
initialize global ( time ) to ( 0
```

전역변수 time 의 초기값 설정 : 0 // 윷가락 움직임을 통제할 시간 변수

```
when  Screen1 ▼ .Initialize
do    set  Clock1 ▼ . TimerEnabled ▼  to ( false ▼
      set  Image1 ▼ . Visible ▼  to ( false ▼
```

스크린1이 초기화되었을 때
  실행하기. 시간1 작동 여부 설정 : 거짓
         이미지1 보임 여부 설정 : 거짓

```
when  Button1 ▼ .Click
do    set  Button1 ▼ . Visible ▼  to ( false ▼
      set  Image1 ▼ . Visible ▼  to ( false ▼
      set  Clock1 ▼ . TimerEnabled ▼  to ( true ▼
      set  global time ▼  to ( 0
```

버튼1을 클릭했을 때
  실행하기. 버튼1 보임 여부 설정 : 거짓
         이미지1 보임 여부 설정 : 거짓 // 다음 윷을 위해 이미지 숨기기
         시간1 작동 여부 설정 : 참 // 타이머 작동
         전역변수 time 값 설정 : 0 // 초기값 설정

355

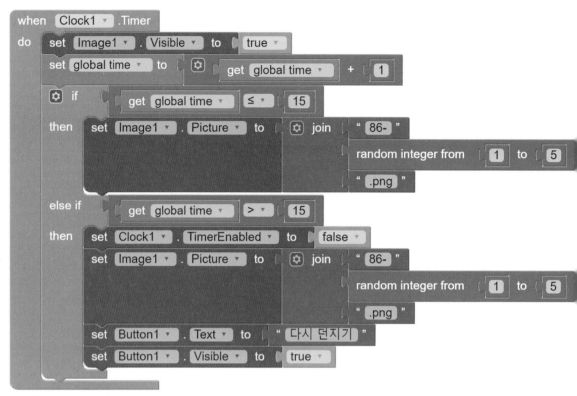

시계2이 작동할 때

실행하기. 이미지1 보임 여부 설정 : 참 // 윷 이미지 보이기

전역변수 time 설정 : 전역변수 time의 값 + 1 // 0.08초씩 흐름

만약 전역변수 time 값 : 15 이하이면 // 0.08초×15=1.2초가 될 때까지

그러면 이미지1 그림 설정 : 조합 – 86-

1에서 5 사이의 랜덤 정수값

.png // 빠르게 윷 이미지가 변화

만약 전역변수 time 값 : 15보다 크면 // 1.2초가 지나면

그러면 시간1 작동 여부 설정 : 거짓 // 타이머를 멈추고

이미지1 그림 설정 : 조합 – 86-

1에서 5 사이의 랜덤 정수값

.png // 윷 이미지 중 1개 보임

버튼1 문구 설정 : 다시 던지기

버튼1 보임 여부 설정 : 참 // 다음 게임을 할 수 있도록

■ 그림은 여기에

https://bit.ly/100apps_image

연락처

통화하기

왜 만드나
(개발의도)

전화통화를 할 수 있는 앱입니다. 번호를 누르고 버튼을 클릭하면 통화로 연결됩니다.

뭘 써서 만드나
(사용 컴포넌트-팔레트)

User Interface - TextBox1

User Interface - Button1

Social - PhoneCall1

뭐가 필요한가
(준비물)

없습니다

어떻게 만드니
(코딩 시작)

① [Designer]

컴포넌트
스크린1
└ 글상자1
└ 버튼1
└ 전화통화1

속성 | 스크린1
상태바, 타이틀 보임 설정 해제

속성 | 레이블1
힌트 설정 : 연락처
숫자만 입력 가능 : 활성화
문구 설정 : (빈칸)

속성 | 버튼1
문구 설정 : 통화하기

속성 | 전화통화1
별도 설정 없음

※PhoneCall은 뷰어창에 보이지 않는
컴포넌트입니다.

② ⌈Blocks⌋ 코딩

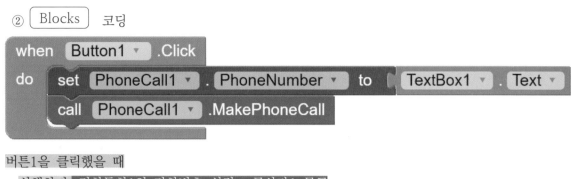

버튼1을 클릭했을 때
　실행하기. 전화통화1의 전화번호 설정 : 글상자1 문구
　　　　　 전화통화1의 전화 걸기 기능 호출하기

왜 만드나
(개발의도)

얼굴 이미지만 누르면 쉽게 전화를 거는 앱입니다. 작은 글씨 입력과 작은 버튼 조작이 힘든 어르신들과 도움이 필요한 분들게 유용할 것입니다.

뭘 써서 만드나
(사용 컴포넌트-팔레트)

User Interface - Image1, 2, 3, 4
Layout - TableArrangement1
Social - PhoneCall1

뭐가 필요한가
(준비물)

가족 이미지(사진) 88-1.png, 88-2.png, 88-3.png, 88-4.png

어떻게 만드니
(코딩 시작)

① [Designer]

컴포넌트
스크린1
└ 테이블정렬레이아웃1
 └ 이미지1
 └ 이미지2
 └ 이미지3
 └ 이미지4
└ 전화통화1

속성 | 스크린1
상태바, 타이틀 보임 설정 해제

속성 | 테이블정렬레이아웃1
행 : 2, 열 : 2
높이, 너비 설정 : Fill parent

속성 | 이미지1, 2, 3, 4
높이, 너비 설정 : 50%, 50%
클릭 가능 여부 : 활성화
그림 설정 : 88-1,2,3,4.png
틀에 맞게 그림 설정 : 활성화

속성 | 전화통화1
별도 설정 없음

※PhoneCall은 뷰어창에 보이지 않는 컴포넌트입니다.

② ⌜Blocks⌟ 코딩

버튼1을 클릭했을 때
　실행하기. 전화통화1의 전화번호 설정 :　　// 첫 번째 가족 연락처를 입력합니다
　　　　　　전화통화1의 전화 걸기 기능 호출하기

버튼2를 클릭했을 때
　실행하기. 전화통화1의 전화번호 설정 :　　// 두 번째 가족 연락처를 입력합니다
　　　　　　전화통화1의 전화 걸기 기능 호출하기

나머지 버튼3, 4의 코딩도 동일합니다

■ 그림은 여기에

https://bit.ly/100apps_image

if ($(window).scrollTop() > header1_initialDistance) {
if (parseInt(header1.css('padding-top'), 10)
header1.css('padding-top', ''
}
} else {
header1.css('padding-top', '' + header1_initialPadding
}
if ($(window).scrollTop() > header2_initialDistance) {
if (parseInt(header2.css('padding-top'), 10)
header2.css('padding-top', ''
}
} else {
header2.css('padding-top', '' + header2_initialPadding

김비서, 전화연결해줘

누르는 것도 귀찮다! 운전중이라 손을 쓰기 힘들다!! 요리중이라 바쁘다!!! 그럴 때 사용하는 말로 거는 전화통화앱입니다.

User Interface - Button1

Social - PhoneCall1

Media - SpeechRecognizer1

없습니다

① Designer

컴포넌트
스크린1
└ 버튼1
└ 전화통화1
└ 음성인식1

속성 | 스크린1
상태바, 타이틀 보임 설정 해제

속성 | 버튼1
문구 설정 : 김비서, 전화연결해줘
문구 정렬 : 중앙

속성 | 전화통화1
별도 설정 없음

속성 | 음성인식1
별도 설정 없음

※PhoneCall과 SpeechRecognizer는
 뷰어창에 보이지 않는 컴포넌트입니다.

버튼 문구: 김비서, 전화연결해줘

② ⌈Blocks⌋ 코딩

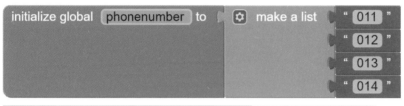

전역변수 person 의 초기값 설정 : 리스트 만들기 아빠
　　　　　　　　　　　　　　　　　　　　　엄마
　　　　　　　　　　　　　　　　　　　　　형
　　　　　　　　　　　　　　　　　　　　　누나 // 추가, 삭제 가능. 단 순서맞추기

전역변수 phonenumber 의 초기값 설정 : 리스트 만들기 011
　　　　　　　　　　　　　　　　　　　　　　　　012
　　　　　　　　　　　　　　　　　　　　　　　　013
　　　　　　　　　　　　　　　　　　　　　　　　014

```
when  Button1 .Click
do    set SpeechRecognizer1 . Language to " kr "
      call SpeechRecognizer1 .GetText
```

버튼1을 클릭했을 때
　실행하기. 음성인식1의 언어 설정 : kr
　　　　　　음성인식1의 텍스트 추출하기 기능 호출하기

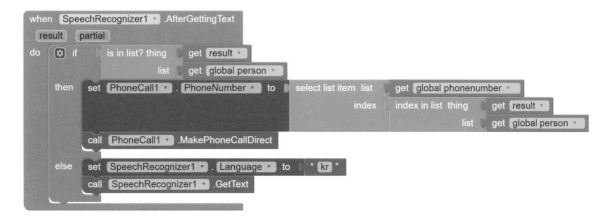

음성인식1이 텍스트 추출을 한 후

실행하기.만약 리스트에 있는지 확인하기 : 아이템 – 음성인식 결과값

리스트 – 전역변수 person

그러면 전화통화1의 전화번호 설정 : 선택 – 리스트 : 전역변수 phonenumber

인텍스 – 인텍스 값 : 음성인식 결과값

리스트 : 전역변수 person

아니면 음성인식1의 언어 설정 : kr

음성인식1의 텍스트 추출하기 기능 호출하기

3D프린팅

3D펜

왜 만드나
(개발의도)

보고 싶은 유튜브 채널이나 영상으로 바로 연결해주는 앱입니다.

뭘 써서 만드나
(사용 컴포넌트-팔레트)

User Interface - Button1, 2
Connectivity - ActivityStarter1

뭐가 필요한가
(준비물)

유튜브 채널이나 영상의 주소

어떻게 만드니
(코딩 시작)

① Designer

| 3D프린팅 |

| 3D펜 |

컴포넌트
스크린1
 └ 버튼1
 └ 버튼2
 └ 액티비티스타터1

속성 | 스크린1
상태바, 타이틀 보임 설정 해제

속성 | 버튼1
문구 설정 : 3D프린팅

속성 | 버튼2
문구 설정 : 3D펜

속성 | 액티비티스타터1
별도 설정 없음

※ActivityStarter는 뷰어창에 보이지 않는
컴포넌트입니다.

② [Blocks] 코딩

```
when Button1 .Click
do  set ActivityStarter1 . Action to " android.intent.action.VIEW "
    set ActivityStarter1 . DataUri to " https://youtu.be/iK7femj4h5U?t=3 "
    call ActivityStarter1 .StartActivity
```

버튼1을 클릭했을 때 // 유튜브 채널
　실행하기. 액티비티스타터1의 액션 설정 : android.intent.action.VIEW
　　　　 액티비티스타터1의 데이터URI 설정 : https://youtu.be/iK7femj4h5U?t=3
　　　　 액티비티스타터1의 스타트액티비티 기능 호출하기

```
when Button2 .Click
do  set ActivityStarter1 . Action to " android.intent.action.VIEW "
    set ActivityStarter1 . DataUri to (?) " https://youtu.be/wwEX8lPwTYI?t=1883 "
    call ActivityStarter1 .StartActivity
```

버튼2를 클릭했을 때 // 유튜브 영상
　실행하기. 액티비티스타터1의 액션 설정 : android.intent.action.VIEW
　　　　 액티비티스타터1의 데이터URI 설정 : https://youtu.be/wwEX8lPwTYI?t=1883
　　　　　　　　　　　　　　　　　 // 영상의 시작 시간 설정 가능
　　　　 액티비티스타터1의 스타트액티비티 기능 호출하기

길이

2.0   inch ↔ 5.08   cm

무게

5   pound ↔ 2.26796   kg

거리

10   mile ↔ 6.21371   km

사용방법

숫자를 입력하고 알고 싶은 단위를 클릭하세요

왜 만드나
(개발의도)

1인치가 몇 센티미터지?? 단위를 바꾸어주는 앱입니다.

뭘 써서 만드나
(사용 컴포넌트-팔레트)
User Interface - Label1, 2, 3, 4, 5, 6, 7, 8
User Interface - Button1, 2, 3, 4, 5, 6
User Interface - TextBox1, 2, 3, 4, 5, 6
Layout - HorizontalArrangement1, 2, 3

뭐가 필요한가
(준비물)
없습니다

어떻게 만드니
(코딩 시작)

① Designer

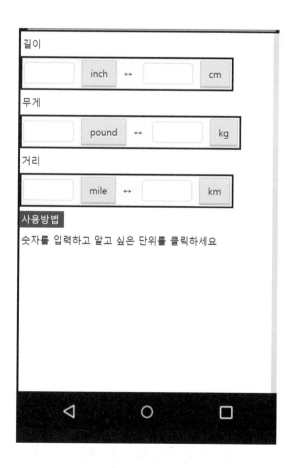

컴포넌트

스크린1
└ 레이블1
└ 수평정렬레이아웃1
  └ 글상자1
  └ 버튼1
  └ 레이블2
  └ 글상자2
  └ 버튼2
└ 레이블3
└ 수평정렬레이아웃2
  └ 글상자3
  └ 버튼3
  └ 레이블3
  └ 글상자4
  └ 버튼4
└ 레이블5
└ 수평정렬레이아웃3
  └ 글상자5
  └ 버튼5
  └ 레이블6
  └ 글상자6
  └ 버튼6
└ 레이블7
└ 레이블8

② Blocks 코딩

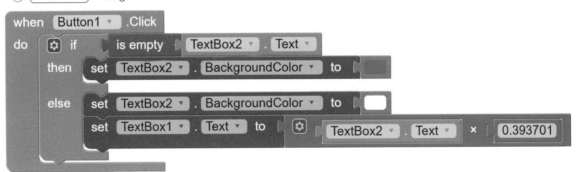

버튼1을 클릭했을 때 // cm를 inch로 환산
　　실행하기.만약　비어있는지 : 글상자2의 문구
　　　　　그러면 글상자2 배경 색상 설정 : 빨강 // 데이터가 없음을 표시
　　　　　아니면 글상자2 배경 색상 설정 : 하양
　　　　　　　글상자1 문구 설정 : 글상자2 문구 × 0.393701

375

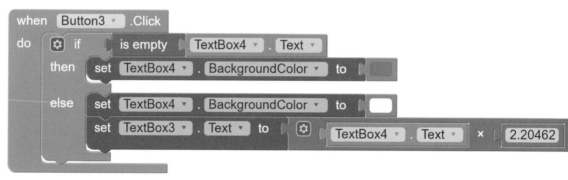

버튼2를 클릭했을 때 // inch를 cm로 환산

　실행하기.만약　비어있는지 : 글상자1의 문구

　　　　　그러면　글상자1 배경 색상 설정 : 빨강

　　　　　아니면　글상자1 배경 색상 설정 : 하양

　　　　　　글상자2 문구 설정 : 글상자1 문구 × 2.54

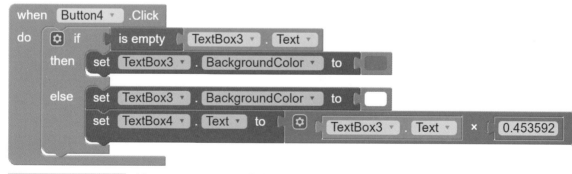

버튼3을 클릭했을 때 // kg를 pound로 환산

　실행하기.만약　비어있는지 : 글상자4의 문구

　　　　　그러면　글상자4 배경 색상 설정 : 빨강

　　　　　아니면　글상자4 배경 색상 설정 : 하양

　　　　　　글상자3문구 설정 : 글상자4 문구 × 2.20462

버튼4를 클릭했을 때 // pound를 kg로 환산

　실행하기.만약　비어있는지 : 글상자3의 문구

　　　　　그러면　글상자3 배경 색상 설정 : 빨강

　　　　　아니면　글상자3 배경 색상 설정 : 하양

　　　　　　글상자4 문구 설정 : 글상자3 문구 × 0.453592

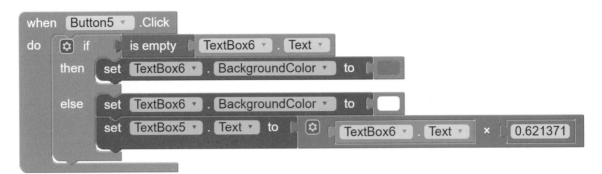

버튼5를 클릭했을 때 // km를 mile로 환산

  실행하기.만약 비어있는지 : 글상자6의 문구

      그러면 글상자6 배경 색상 설정 : 빨강

      아니면 글상자6 배경 색상 설정 : 하양

          글상자5 문구 설정 : 글상자6 문구 × 0.621371

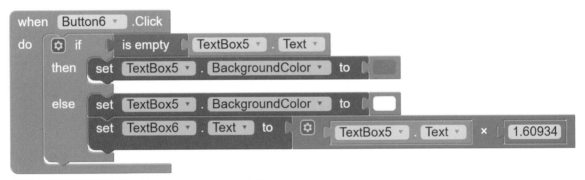

버튼6을 클릭했을 때 // mile를 km로 환산

  실행하기.만약 비어있는지 : 글상자5의 문구

      그러면 글상자5 배경 색상 설정 : 빨강

      아니면 글상자5 배경 색상 설정 : 하양

          글상자6 문구 설정 : 글상자5 문구 × 1.60934

참고로 단위환산값은 다음과 같습니다.

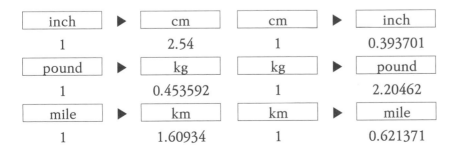

inch	▶	cm		cm	▶	inch
1		2.54		1		0.393701
pound	▶	kg		kg	▶	pound
1		0.453592		1		2.20462
mile	▶	km		km	▶	mile
1		1.60934		1		0.621371

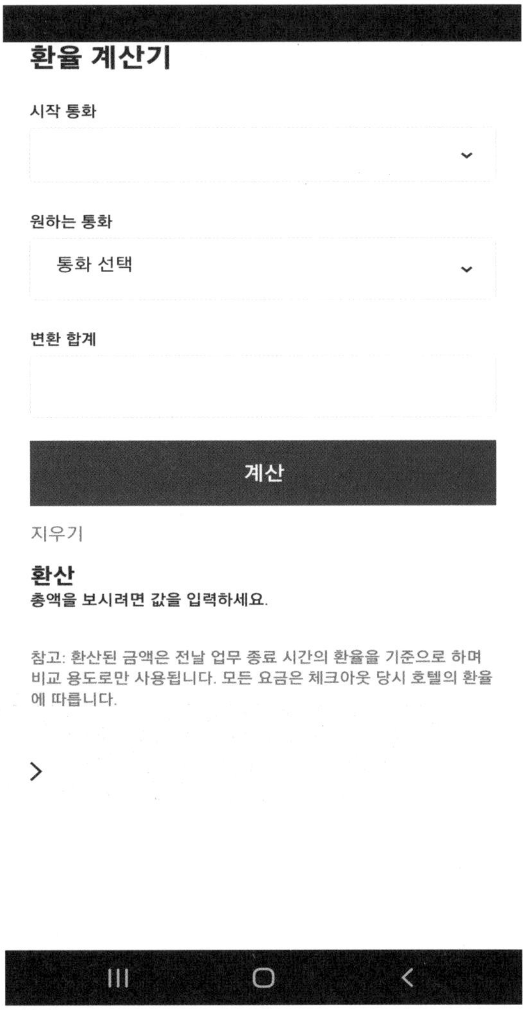

프로젝트92_won2dollar

환율 계산기

시작 통화

[⌄]

원하는 통화

[통화 선택   ⌄]

변환 합계

[   ]

계산

지우기

환산
총액을 보시려면 값을 입력하세요.

참고: 환산된 금액은 전날 업무 종료 시간의 환율을 기준으로 하며
비교 용도로만 사용됩니다. 모든 요금은 체크아웃 당시 호텔의 환율
에 따릅니다.

>

왜 만드나
(개발의도)

통화 환산 앱입니다. 프로젝트91의 단위 환산과 달리 통화는 실시간으로 변화하기 때문에 금융사이트를 활용합니다.

뭘 써서 만드나
(사용 컴포넌트-팔레트)

User Interface - WebViewer1

뭐가 필요한가
(준비물)

없습니다

어떻게 만드니
(코딩 시작)

① [Designer]

컴포넌트

스크린1
└ 웹뷰어1

속성 | 스크린1
상태바, 타이틀 보임 설정 해제

속성 | 웹뷰어1
높이, 너비 설정 : Fill parent
시작화면URL : 아래 참고

a. 웹뷰어 URL : https://www.marriott.co.kr/reservation/ersCurrencyCalculator.mi

② [Blocks] 코딩 : 없습니다

너비 : 411픽셀 (10.87cm)
높이 : 788픽셀 (20.85cm)

크기 측정

왜 만드나
(개발의도)

내가 가지고 있는 스마트기기 스크린의 크기를 측정하는 앱입니다. 내 기기에 최적화된
규격을 찾을 때 유용할 것입니다.

뭘 써서 만드나
(사용 컴포넌트-팔레트)

User Interface - Label1, 2
User Interface - Button1

뭐가 필요한가
(준비물)

없습니다

어떻게 만드니
(코딩 시작)

① Designer

너비 : 높이 : 크기 측정	**컴포넌트** **스크린1** └ 레이블1 └ 레이블2 └ 버튼1 **속성 ┃ 스크린1** **상태바, 타이틀 보임 설정 해제** **속성 ┃ 레이블1, 2** 문구 설정 : "너비 :" "높이 :" **속성 ┃ 버튼1** 문구 설정 : 크기 측정

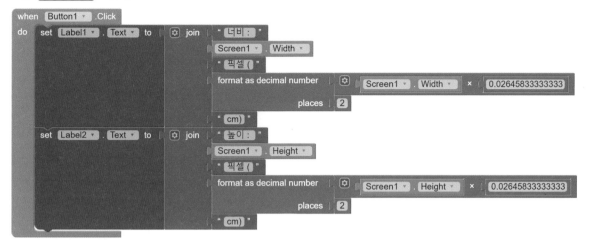

버튼1을 클릭했을 때

실행하기. 레이블1 문구 설정 : 조합 – 너비 :

  스크린1 너비

  픽셀(

  소수 형태 : 스크린1 너비 × 0.02645833333333

   자릿수 – 2자리

  cm)

 레이블2 문구 설정 : 조합 – 높이 :

  스크린1 높이

  픽셀(

  소수 형태 : 스크린1 높이 × 0.02645833333333

   자릿수 – 2자리

  cm)

 참고로 픽셀-센티미터 환산값은 다음과 같습니다.

Pixel (X)	Centimeter [cm]
0.01 pixel (X)	0.0002645833 cm
1 pixel (X)	0.0264583333 cm
2 pixel (X)	0.0529166667 cm
3 pixel (X)	0.079375 cm
5 pixel (X)	0.1322916667 cm

Pixel (X)	Centimeter [cm]
10 pixel (X)	0.2645833333 cm
20 pixel (X)	0.5291666667 cm
50 pixel (X)	1.3229166667 cm
100 pixel (X)	2.6458333333 cm
1000 pixel (X)	26.4583333333 cm

Mon dessin ne représentait pas un chapeau. Il représentait un serpent boa qui digérait un éléphant. J'ai alors dessiné l'intérieur du serpent boa, afin que les grandes personnes puissent comprendre. Elles ont toujours besoin d'explications. Mon dessin numéro 2 était comme ça :

Les grandes personnes m'ont conseillé de laisser de côté les dessins de serpents boas ouverts ou fermés, et de m'intéresser plutôt à la géographie, à l'histoire, au calcul et à la grammaire. C'est ainsi que j'ai abandonné, à l'âge de six ans, une magnifique carrière de peintre. J'avais été découragé par l'insuccès de mon dessin numéro 1 et de mon dessin numéro 2. Les grandes personnes ne comprennent jamais rien toutes seules, et c'est fatigant, pour les enfants, de toujours et toujours leur donner des explications.

왜 만드나
(개발의도)

전자책ebook 뷰어를 만들어보겠습니다. "거, 독서하기 딱 좋은 날씨네"

뭘 써서 만드나
(사용 컴포넌트-팔레트)

User Interface - Label1

User Interface - Button1, 2

User Interface - Notifier1

Layout - HorizontalArrangement1

Drawing and Animation - Canvas1

뭐가 필요한가
(준비물)

책 콘텐츠 94-0.GIF, 94-1.GIF, 94-2.GIF, 94-3.GIF, 94-4.GIF, 94-5.GIF

어떻게 만드니
(코딩 시작)

① Designer

<table>
<tr><td colspan="2">컴포넌트</td></tr>
</table>

컴포넌트

스크린1
  └ 캔버스1
    └ 수평정렬레이아웃1
    └ 버튼1
    └ 레이블1
    └ 버튼2
  └ 알림1

속성 | 스크린1

상태바, 타이틀 보임 설정 해제

속성 | 캔버스1

배경 이미지 설정 : 94-0.GIF(표지)

높이, 너비 설정 : Fill parent

속성 | 수평정렬레이아웃1

별도 설정 없음

속성 | 버튼1, 2

배경색상 : 검정, 문구 설정 : ◀, ▶

문구 색상 : 하양, 문구 정렬 : 중앙

② Blocks 코딩

initialize global **page** to **0**

전역변수 page 의 초기값 설정 : 0 // 페이지를 의미합니다

버튼1을 클릭했을 때 // 앞쪽으로 넘겼을 때
실행하기.만약 전역변수 page 값 1보다 크다면
그러면 전역변수 page 설정 : 전역변수 page 값 - 1 // 1페이지 앞으로
아니면 전역변수 page 설정 : 1 // 1이하이면 첫페이지라는 의미
알림1 알림 보이기 기능 호출하기
알림 메시지 : 첫 번째 페이지입니다
캔버스1 배경 이미지 설정 : 조합 - 94-
전역변수 page 값
.GIF // MEDIA에 탑재된 동일한 파일명

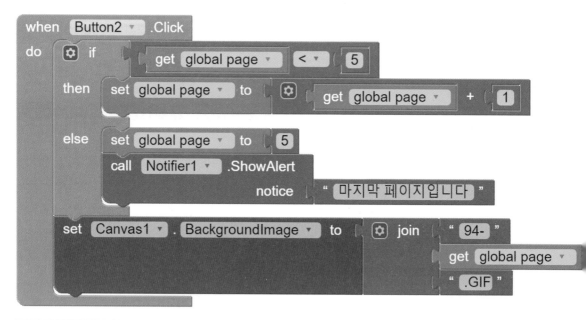

버튼2를 클릭했을 때 // 뒷쪽으로 넘겼을 때
  실행하기.만약 전역변수 page 값 5보다 작다면
       그러면 전역변수 page 설정 : 전역변수 page 값 + 1 // 1페이지 넘기기
       아니면 전역변수 page 설정 : 5 // 5이상이면 마지막 페이지라는 의미
           알림1 알림 보이기 기능 호출하기
                    알림 메시지 : 마지막 페이지입니다
       캔버스1 배경 이미지 설정 : 조합 - 94-
                  전역변수 page 값
                  .GIF

설정된 변수값의 범위를 넘어설 경우에는
앱인벤터 시스템 경고창이 나타납니다.

■ 그림은 여기에

https://bit.ly/100apps_image

J'ai alors beaucoup réfléchi sur les aventures de la jungle et, à mon tour, j'ai réussi, avec un crayon de couleur, à tracer mon premier dessin. Mon dessin numéro 1. Il était comme ça :

J'ai montré mon chef-d'œuvre aux grandes personnes et je leur ai demandé si mon dessin leur faisait peur.

Elles m'ont répondu : « Pourquoi un chapeau ferait-il peur ? »

왜 만드나
(개발의도)

이번에는 손으로 슥 슥 넘기는 ebook 뷰어를 만들어보겠습니다. 진짜 책장을 넘기는 것처럼 말이죠.

뭘 써서 만드나
(사용 컴포넌트-팔레트)

User Interface - Notifier1
Drawing and Animation - Canvas1

뭐가 필요한가
(준비물)

책 콘텐츠 94-0.GIF, 94-1.GIF, 94-2.GIF, 94-3.GIF, 94-4.GIF, 94-5.GIF

어떻게 만드니
(코딩 시작)

① Designer

컴포넌트
스크린1
└ 캔버스1
└ 알림1

속성 | 스크린1
상태바, 타이틀 보임 설정 해제

속성 | 캔버스1
배경 이미지 설정 : 94-0.GIF(표지)
높이, 너비 설정 : Fill parent

속성 | 알림1
알림 길이 : Short

※Notifier는 뷰어창에 보이지 않는 컴포넌트입니다.

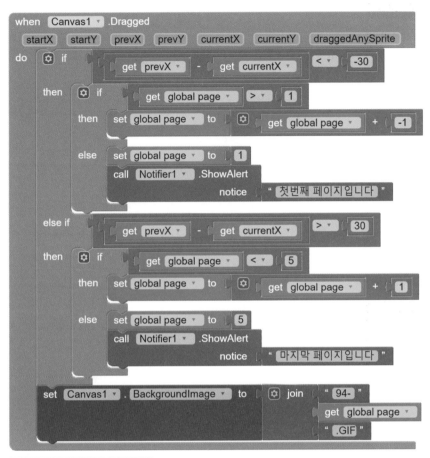

```
initialize global page to 0
```
전역변수 page 의 초기값 설정 : 0 // 페이지를 의미합니다

캔버스1을 드래그했을 때

실행하기. 만약 이전 값 - 현재 값 이 -30보다 작다면 // 앞장으로 넘기는 동작

　　그러면 만약 전역변수 page 값 1보다 크다면

　　　　그러면 전역변수 page 설정 : 전역변수 page 값 - 1 // 1페이지 앞으로

　　　　아니면 전역변수 page 설정 : 1 // 첫 번째 페이지로

　　　　　　 알림1 알림 보이기 기능 호출하기

　　　　　　　　　　 알림 메시지 : 첫 번째 페이지입니다

　　그러면 만약 전역변수 page 값 5보다 작다면

　　　　그러면 전역변수 page 설정 : 전역변수 page 값 + 1 // 1페이지 넘기기

　　　　아니면 전역변수 page 설정 : 5 // 마지막 페이지로

　　　　　　 알림1 알림 보이기 기능 호출하기

　　　　　　　　　　 알림 메시지 : 마지막 페이지입니다

　　 캔버스1 배경 이미지 설정 : 조합 - 94-

　　　　　　　　　　　　 전역변수 page 값

　　　　　　　　　　　　 .GIF

캔버스 드래그에 따른 X좌표값 변화는 다음과 같습니다.

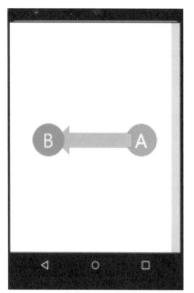

의미 : 책장을 뒤로 넘기는 듯한 동작

이전 위치(A)의 X좌표값 : 250

현재 위치(B)의 X좌표값 : 50

이전 위치(A) - 현재 위치(B) = 200

※ A-B의 값이 +일 경우 뒤로 넘길 수 있으나, 인수를 너무 작게 지정하면 여러 페이지가 한번에 넘어갈 수 있습니다. 예를 들어 인수를 1로 설정하고 왼쪽 그림처럼 200만큼을 드래그하면 200페이지가 넘어가게 됩니다.

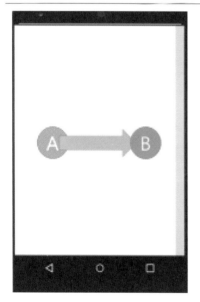

의미 : 책장을 앞으로 넘기는 듯한 동작

이전 위치(A)의 X좌표값 : 50

현재 위치(B)의 X좌표값 : 250

이전 위치(A) - 현재 위치(B) = -200

■ 그림은 여기에

https://bit.ly/100apps_image

PREMIER CHAPITRE

Lorsque j'avais six ans j'ai vu, une fois, une
magnifique image, dans un livre sur la
Forêt Vierge qui s'appelait « Histoires
Vécues ». Ça représentait un serpent boa
qui avalait un fauve. Voilà la copie du dessin.

On disait dans le livre : « Les serpents boas
avalent leur proie tout entière, sans la
mâcher. Ensuite ils ne peuvent plus bouger
et ils dorment pendant les six mois de leur
digestion. »

왜 만드나
(개발의도)

이번에는 슬라이드바를 이용하여 책장을 넘기는 ebook 뷰어를 만들어보겠습니다. 한 장 한 장씩 넘기지 않고 원하는 페이지로 바로 갈 수 있습니다.

뭘 써서 만드나
(사용 컴포넌트-팔레트)

User Interface - Slider1

User Interface - Notifier1

Drawing and Animation - Canvas1

뭐가 필요한가
(준비물)

책 콘텐츠 94-0.GIF, 94-1.GIF, 94-2.GIF, 94-3.GIF, 94-4.GIF, 94-5.GIF

어떻게 만드니
(코딩 시작)

① Designer

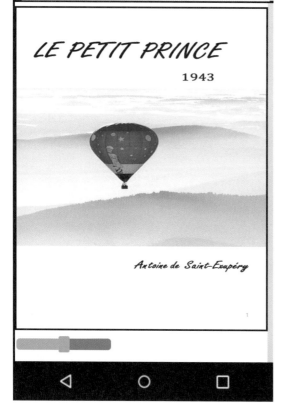

컴포넌트

스크린1
　└ 캔버스1
　└ 슬라이더1
　└ 알림1

속성 | 스크린1
상태바, 타이틀 보임 설정 해제

속성 | 캔버스1
배경 이미지 설정 : 94-0.GIF(표지)
높이, 너비 설정 : Fill parent

속성 | 슬라이더1
너비 설정 : Fill paent
나머지는 블록코딩으로 설정합니다,

속성 | 알림1
알림 길이 : Short

※Notifier는 뷰어창에 보이지 않는
　컴포넌트입니다.

② Blocks 코딩

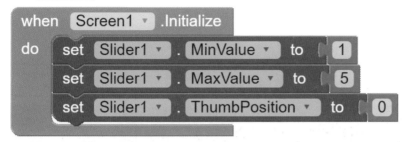

스크린1이 초기화되었을 때
　실행하기. 슬라이더1 최소값 설정 : 1
　　　　　　 슬라이더1 최대값 설정 : 5
　　　　　　 슬라이더1 썸네일 위치 설정 : 0

슬라이더1의 위치가 변경되었을 때
　실행하기. 캔버스1 배경 이미지 설정 : 조합 - 94-
　　　　　　　　　　　　　　　　 소수 형태 : 썸네일 위치값
　　　　　　　　　　　　　　　　 자릿수 - 0자리
　　　　　　　　　　　　　　　　 .GIF

 손으로 움직이는 슬라이더의 썸네일은 아날로그값과 유사하게 움직입니다.
소수점이 없는 정수로 변환해야 이미지파일의 이름으로 사용할 수 있습니다.

■ 그림은 여기에

https://bit.ly/100apps_image

월말이 다가오자 디바이스들에게 데이터를 나눠주시며 말씀하셨다.
"너희는 모두 이것을 받아 충전하라. 이는 너희를 위하여 내어 줄 네트워크 패킷이다."

그리고 배터리를 들어 다시 감사를 드리신 다음 디바이스들에게 주시며 말씀하셨다.
"너희는 모두 이것을 받아 충전하라. 아무리 많은 콘텐츠와 앱이 있어도 배터리가 없다면 아무 의미도 없을 것이다"

그 후 A.I는 말씀하셨다.
"하지만 코딩을 열심히 배운 이들이 세상의 주인공이 되는 시대가 온다면,
 소프트웨어 특이점이 온다면,
 더 이상 데이터 걱정도 배터리 걱정도 없을 것이다"

"오늘 이 마지막 공급Last support을 기억하라"

왜 만드나
(개발의도)

산타할아버지에게 편지를 쓰는 앱입니다. 실제로 가냐고요? 아니요, 주소를 몰라서 못 가요. 아이가 원하는 선물을 아빠, 엄마가 알 수 있도록, 아이의 속마음 이야기를 부모님이 알 수 있도록 도와주는 앱입니다.

뭘 써서 만드나
(사용 컴포넌트-팔레트)

User Interface - Label1
User Interface - Button1
User Interface - TextBox1
User Interface - Image1, 2, 3
Layout - VerticalArrangement1, 2, 3
Sensors - Clock1

뭐가 필요한가
(준비물)

이미지 97-1.png, 97-2.png, 97-3.png, 97-4.png, 97-5.png, 97-6.png, 97-7.png

어떻게 만드니
(코딩 시작)

① Designer

컴포넌트

스크린1
  └ 수직정렬레이아웃1(첫화면)
     └ 이미지1(산타)
     └ 버튼1(시작)
  └ 수직정렬레이아웃2(편지지)
     └ 글상자1(letter)
     └ 이미지2(send)
  └ 수직정렬레이아웃3(보내기)
     └ 이미지3(sending)
     └ 레이블1(text)
  └ 시계1(Clock0)

속성 | 수직정렬레이아웃1(첫화면)

수직, 수평 정렬 : 중앙

속성 | 이미지1(산타)

그림 설정 : 97-1.png
크기 맞춤 설정 : 활성화

문구 설정 : 산타할아버지께 편지쓰기

속성 | 수평정렬레이아웃2(편지지)
수직, 수평 정렬 : 중앙
높이, 너비 설정 : Fill parent
그림 설정 : 97-2.png

속성 | 글상자1(letter)
여러줄 가능 여부 : 활성화

속성 | 이미지2(send)
클릭 가능 설정 : 활성화
높이, 너비 설정 : 20%
그림 설정 : 97-7.png

속성 | 수평정렬레이아웃3(보내기)
수직, 수평 정렬 : 중앙
높이, 너비 설정 : Fill parent

속성 | 이미지3(sending)
클릭 가능 설정 : 활성화
그림 설정 : 97-3.png
크기 맞춤 설정 : 활성화

속성 | 레이블1(text)
문구 설정 : "보내는중..................0%"

속성 | 시계1(Clock0)
별도 설정 없음

※Clock은 뷰어창에 보이지 않는
컴포넌트입니다.

② Blocks 코딩

`initialize global time to 0`

전역변수 time 의 초기값 설정 : 0 // 보내기 문구 애니메이션을 위한 변수

`initialize global secret to 0`

전역변수 secret 의 초기값 설정 : 0 // 아빠, 엄마를 위한 변수. 그래서 이름도 시크릿

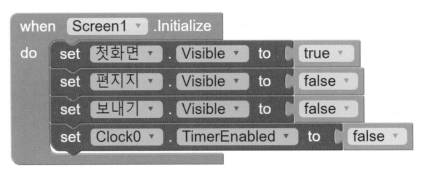

스크린1이 초기화되었을 때
　실행하기. 첫화면(레이아웃) 보임 여부 설정 : 참
　　　　　편지지(레이아웃) 보임 여부 설정 : 거짓
　　　　　보내기(레이아웃) 보임 여부 설정 : 거짓
　　　　　clock0 타이머 작동 여부 설정 : 거짓

시작을 클릭했을 때
　실행하기. 첫화면(레이아웃) 보임 여부 설정 : 거짓
　　　　　편지지(레이아웃) 보임 여부 설정 : 참
　　　　　보내기(레이아웃) 보임 여부 설정 : 거짓

send를 클릭했을 때
　실행하기. 첫화면(레이아웃) 보임 여부 설정 : 거짓
　　　　　편지지(레이아웃) 보임 여부 설정 : 거짓
　　　　　보내기(레이아웃) 보임 여부 설정 : 참
　　　　　clock0 타이머 작동 여부 설정 : 참

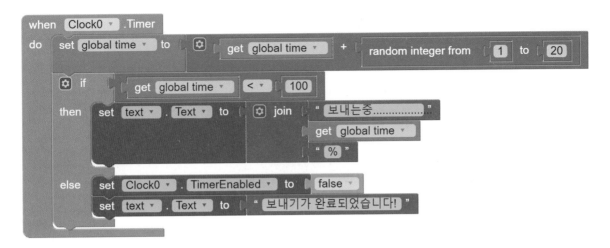

Clock0이 작동할 때

실행하기. 전역변수 time 설정 : 전역변수 time 값 + 1에서 20 사이의 랜덤 정수

만약 전역변수 time 값 100보다 작다면

그러면 text 문구 설정 : 조합 - 보내는중..........

전역변수 time 값

%

아니면 clock0 타이머 작동 여부 설정 : 거짓

text 문구 설정 : 보내기가 완료되었습니다!

 위 명령어는 특별한 기능을 하지 않습니다. 다만 실제로 편지가 전송되는 것처럼 전송률이 숫자로 뜨고 100이 넘으면 완료 메시지가 나타납니다.

sending을 클릭했을 때

실행하기. 전역변수 secret 설정 : 전역변수 secret 값 + 1

만약 전역변수 secret 값 20보다 크면

그러면 첫화면(레이아웃) 보임 여부 설정 : 거짓

편지지(레이아웃) 보임 여부 설정 : 참

보내기(레이아웃) 보임 여부 설정 : 거짓

이스터에그처럼 이미지를 클릭할 수 있고 클릭수가 누적 20이 넘으면 산타할아버지께 보내는 편지의 내용을 확인할 수 있습니다.

이 변수의 이름은 시크릿입니다. 아이에게 들키면 안돼요.

■ 그림은 여기에

https://bit.ly/100apps_image

1

왜 만드나
(개발의도)

시한폭탄을 만들어보겠습니다. 진짜로 터지냐고요? 그럼요! 설정한 시간이 스크린 속에서 펑! 하고 터진답니다.

뭘 써서 만드나
(사용 컴포넌트-팔레트)

User Interface - TextBox1

User Interface - Button1, 2

User Interface - Image1

Sensors - Clock1

뭐가 필요한가
(준비물)

폭탄 이미지 98-1.png, 98-2.png

어떻게 만드니
(코딩 시작)

① [Designer]

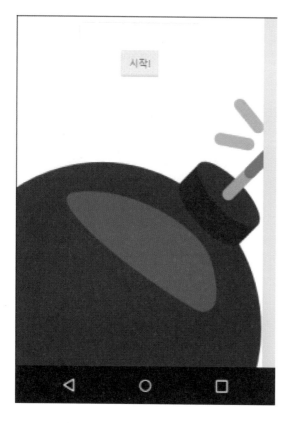

컴포넌트
스크린1
└ 글상자1
└ 버튼1
└ 이미지1
└ 버튼2
└ 시계1

속성 ┃ 스크린1
상태바, 타이틀 보임 설정 해제

속성 ┃ 글상자1
힌트 문구 설정 : 초 입력
숫자만 입력 가능 : 활성화

속성 ┃ 버튼1, 2
문구 설정 : "시작!", "다시하기"

속성 ┃ 이미지1
이미지 설정 : 98-1.png

속성 ┃ 시계1
별도 설정 없음

※Clock은 뷰어창에 보이지 않는
컴포넌트입니다.

```
when  Screen1 ▾ .Initialize
do    set  Image1 ▾ . Visible ▾  to    false ▾
      set  Button2 ▾ . Visible ▾  to    false ▾
      set  Clock1 ▾ . TimerEnabled ▾  to    false ▾
```

스크린1이 초기화되었을 때

실행하기. 이미지1 보임 여부 설정 : 거짓
　　　　　버튼2 보임 여부 설정 : 거짓
　　　　　시계1 타이머 작동 여부 설정 : 거짓

```
when  Button1 ▾ .Click
do    ⚙ if      is empty  TextBox1 ▾ . Text ▾
      then   set  TextBox1 ▾ . Hint ▾  to  " 시간을 입력하세요 "
      else   set  Button1 ▾ . Visible ▾  to    false ▾
             set  TextBox1 ▾ . ReadOnly ▾  to    true ▾
             set  Clock1 ▾ . TimerEnabled ▾  to    true ▾
             set  Image1 ▾ . Visible ▾  to    true ▾
```

버튼1을 클릭했을 때

실행하기. 만약　비어있는가　글상자1 문구
　　　　　그러면　글상자1 힌트 문구 설정 : 시간을 입력하세요 // 입력 안하면 작동 안 함
　　　　　아니면　버튼1 보임 여부 설정 : 거짓
　　　　　　　　　글상자1 읽기 전용 여부 설정 : 참
　　　　　　　　　시계1 타이머 작동 여부 설정 : 참
　　　　　　　　　이미지1 보임 여부 설정 : 참

```
when Clock1 .Timer
do  if        TextBox1 . Text    >    1
    then  set TextBox1 . Text   to     TextBox1 . Text  -  1
          set Image1 . Picture  to   98-1.png
    else  set Clock1 . TimerEnabled  to   false
          set TextBox1 . Text  to   0
          set Image1 . Picture  to   98-2.png
          set Button2 . Visible  to   true
```

시계1의 타이머가 작동할 때

　실행하기.만약　글상자1 문구 : 1보다 크다면 // 1초 이상 남았을 때

　　　그러면　글상자1 문구 설정 : 글상자1 문구 - 1 // 글상자를 변수처럼 활용함

　　　이미지1 그림 설정 : 98-1.png // 안 터진 폭탄 그림

　　　아니면　시계1 타이머 작동 여부 설정 : 거짓 // 시간 다 흐르면 작동 멈춤

　　　글상자1 문구 설정 : 0

　　　이미지1 그림 설정 : 98-2.png // 펑 터진 폭탄 그림

　　　버튼2 보임 여부 설정 : 참

```
when Button2 .Click
do  set Image1 . Picture  to   98-1.png
    set TextBox1 . Text  to   "  "
    set Image1 . Visible  to   false
    set Button1 . Visible  to   true
    set Button2 . Visible  to   false
    set Clock1 . TimerEnabled  to   false
    set TextBox1 . ReadOnly  to   false
```

버튼2를 클릭했을 때

　실행하기.　이미지1 그림 설정 : 98-1.png // 다시 안 터진 폭탄 그림

　　　글상자1 문구 설정 :　　　// 빈칸으로

　　　이미지1 보임 여부 설정 : 거짓

　　　버튼1 보임 여부 설정 : 참

　　　버튼2 보임 여부 설정 : 거짓

　　　시계1 타이머 작동 여부 설정 : 거짓

　　　글상자1 읽기 전용 여부 설정 : 거짓 // 다시 초를 입력할 수 있게

　그림은 여기에　　　https://bit.ly/100apps_image

프로젝트99_fraction

왜 만드나
(개발의도)

수직선에서 분수의 값을 어림하는 행동은 수감각을 기르는 데에 유용합니다. 제시된 분수값을 수직선 상에서 찾아보는 게임을 만들어봅시다.

뭘 써서 만드나
(사용 컴포넌트-팔레트)

User Interface - Label1, 2, 3, 4, 5, 6, 7, 8, 9, 10, 11, 12

User Interface - Button1, 2, 3

User Interface - Slaider1

Layout - HorizontalArrangement1, 2

Layout - VerticalArrangement1, 2, 3

뭐가 필요한가
(준비물)

뭔가 읽어낼만한 QR코드

어떻게 만드니
(코딩 시작)

① Designer

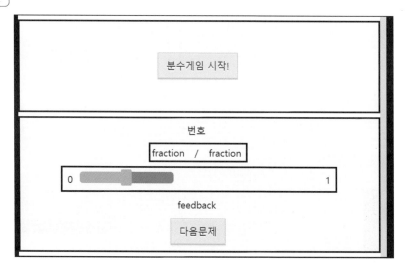

컴포넌트	속성 | 레이블1(번호)
스크린1	문구 설정 : 번호

컴포넌트

스크린1
 └ 수직정렬레이아웃1(첫화면)
  └ 버튼1(시작)
 └ 수직정렬레이아웃2(게임화면)
  └ 레이블1(번호)
  └ 수평정렬레이아웃1(분수)
   └ 레이블2(분자)
   └ 레이블3(와)

속성 | 레이블1(번호)
문구 설정 : 번호

속성 | 수평정렬레이아웃1(분수), 2(수직선)
별도 설정 없음

속성 | 레이블2(분자), 3(와), 4(분모)
문구 설정 : "fraction", "/", "fraction"

└ 레이블4(분모)
     └ 수평정렬레이아웃1(수직선)
        └ 레이블5(시작점)
        └ 슬라이더1(슬라이더)
        └ 레이블6(끝점)
     └ 레이블7(피드백)
     └ 버튼2(다음)
└ 수직정렬레이아웃3(결과화면)
     └ 레이블8(결과)
     └ 레이블9(구분선)
     └ 레이블10(매우잘함)
     └ 레이블11(잘함)
     └ 레이블12(못함)
     └ 버튼3(다시)

속성 | 스크린1
상태바, 타이틀 보임 설정 해제

속성 | 수직정렬레이아웃1(첫화면)
수직, 수평 정렬 : 중앙
높이, 너비 설정 : Fill parent

속성 | 버튼1
문구 설정 : 분수게임 시작!

속성 | 수직정렬레이아웃2(게임화면)
수직, 수평 정렬 : 중앙
너비 설정 : Fill parent

속성 | 레이블5(시작점), 6(끝점)
문구 설정 : "0", "1"

속성 | 슬라이더1(슬라이더)
너비 설정 : 60%
최대값 1 최소값 0 썸네일위치 0.5

속성 | 레이블7(피드백)
문구 설정 : "feedback"

속성 | 버튼2(다음), 3(다시)
문구 설정 : "다음문제", "다시하기"

속성 | 수직정렬레이아웃3(결과화면)
수평 정렬 : 중앙
너비 설정 : Fill parent

속성 | 레이블8(결과)
문구 설정 : "result"

속성 | 레이블9(구분선)
배경 색상 : 파랑
높이 설정 : 1%, 너비 설정 : 30%

속성 | 레이블10(매우잘함), 11(잘함), 12(못함)
문구 설정 : "EXCELLENT : 0"
          "GOOD : 0"
          "BAD : 0"

② Blocks 코딩

```
initialize global time to | 1
```
전역변수 time 의 초기값 설정 : 1 // 참여횟수 변수

```
initialize global fraction to | 0
```
전역변수 fraction 의 초기값 설정 : 0 // 문제 분수 변수

```
initialize global excellent to | 0
```
전역변수 excellent 의 초기값 설정 : 0 // 매우잘함 획득 횟수

initialize global good to 0

전역변수 good 의 초기값 설정 : 0 // 잘함 획득 횟수

initialize global bad to 0

전역변수 bad 의 초기값 설정 : 0 // 못함 획득 횟수

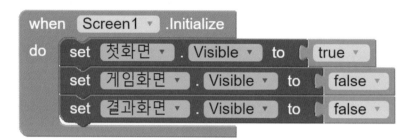

when Screen1 .Initialize
do set 첫화면 . Visible to true
    set 게임화면 . Visible to false
    set 결과화면 . Visible to false

스크린1이 초기화되었을 때
  실행하기. 첫화면 보임 여부 설정 : 참
           게임화면 보임 여부 설정 : 거짓
           결과화면 보임 여부 설정 : 거짓

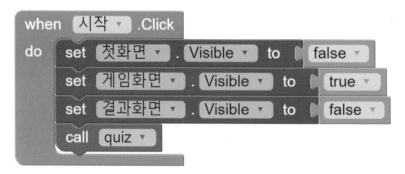

when 시작 .Click
do set 첫화면 . Visible to false
    set 게임화면 . Visible to true
    set 결과화면 . Visible to false
    call quiz

시작을 클릭했을 때
  실행하기. 첫화면 보임 여부 설정 : 거짓
           게임화면 보임 여부 설정 : 참
           결과화면 보임 여부 설정 : 참
           함수 qiuz 호출하기

when 다음 .Click
do set global time to ⚙ get global time + 1
    call quiz

다음을 클릭했을 때

실행하기. 전역변수 time 설정 : 전역변수 time 값 + 1 // 참여횟수 + 1
　　　　함수 qiuz 호출하기

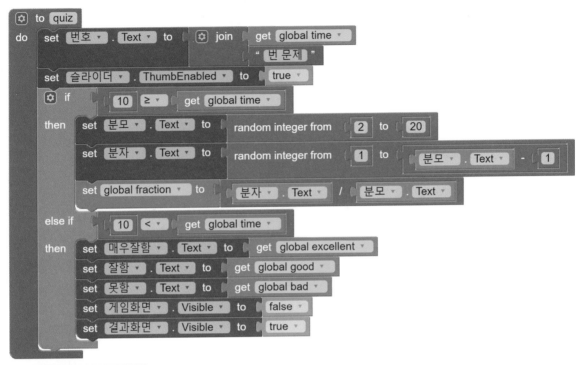

함수 : quiz를 실행하면
　　번호 문구 설정 : 조합 - 전역변수 time값
　　　　　　　　　　　　　번 문제
　　슬라이더의 썸네일 작동 여부 설정 : 참
　　만약　전역변수 time 값 : 10이하라면
　　그러면　분모 문구 설정 : 2와 20 사이의 랜덤 정수값
　　　　　　분자 문구 설정 : 1와 분모 문구 -1 사이의 랜덤 정수값 // 가분수 안 되도록
　　　　　　전역변수 fraction 설정 : 분wk 문구 / 분모 문구
　　아니면 만약 전역변수 time 값 : 10보다 크다면
　　그러면　매우잘함 문구 설정 : 전역변수 excellent 값
　　　　　　잘함 문구 설정 : 전역변수 good 값
　　　　　　못함 문구 설정 : 전역변수 bad 값
　　　　　　게임화면 보임 여부 설정 : 거짓
　　　　　　결과화면 보임 여부 설정 : 참

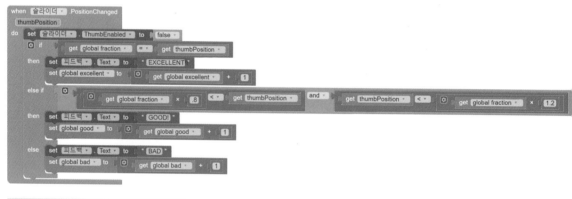

```
when  다시 ▼ .Click
do    set 첫화면 ▼ . Visible ▼ to  true ▼
      set 게임화면 ▼ . Visible ▼ to  false ▼
      set 결과화면 ▼ . Visible ▼ to  false ▼
      set global time ▼ to  1
```

다시를 클릭했을 때
　실행하기. 첫화면 보임 여부 설정 : 참
　　　　　　게임화면 보임 여부 설정 : 거짓
　　　　　　결과화면 보임 여부 설정 : 거짓
　　　　　　전역변수 time 설정 : 1

```
when 슬라이더 ▼ .PositionChanged
thumbPosition
do  set 슬라이더 ▼ . ThumbEnabled ▼ to  false ▼
    if      get global fraction ▼ = ▼ get thumbPosition ▼
    then  set 피드백 ▼ . Text ▼ to " EXCELLENT! "
          set global excellent ▼ to  get global excellent ▼ + 1
    else if      get global fraction ▼ × .8 < ▼ get thumbPosition ▼ and ▼ get thumbPosition ▼ < ▼ get global fraction ▼ × 1.2
    then  set 피드백 ▼ . Text ▼ to " GOOD! "
          set global good ▼ to  get global good ▼ + 1
    else  set 피드백 ▼ . Text ▼ to " BAD "
          set global bad ▼ to  get global bad ▼ + 1
```

슬라이더 위치가 변경되었을 때
　실행하기. 슬라이더 썸네일 작동 여부 설정 : 거짓 // 고정되도록
　　　　　　만약 전역변수 fraction 값 과 썸네일 위치결과 값 이 같다면
　　　　　　그러면 피드백 문구 설정 : EXCELLENT!!
　　　　　　　　　전역변수 excellent 설정 : 전역변수 excellent 값 + 1
　　　　　　아니고 만약 썸네일 위치결과 값 이 전역변수 fraction 값 × 0.8보다 크고
　　　　　　　　　　　　　　　전역변수 fraction 값 × 1.2보다 작다면
　　　　　　그러면 피드백 문구 설정 : GOOD!
　　　　　　　　　전역변수 good 설정 : 전역변수 good 값 + 1
　　　　　　그렇지 않으면 피드백 문구 설정 : BAD
　　　　　　　　　전역변수 bad 설정 : 전역변수 bad 값 + 1

 오차 인정 범위를 20%로 두고 0.8보다 크고 1.2보다 작음으로 설정하였습니다.
사용자의 수준과 상황에 따라 범위를 조정할 수 있습니다.

지구인의 선택

로봇의 선택

결과 : 인간 승리
아, 나의 작은 실수

다시하기

왜 만드나
(개발의도)

지구인들을 이기기 위해 가위바위보 로봇이 미래에서 왔다?! 재미있는 가위바위보 대결 게임 앱을 만들어보겠습니다.

뭘 써서 만드나
(사용 컴포넌트-팔레트)

User Interface - Label1, 2, 3, 4, 5, 6

User Interface - Button1, 2

User Interface - Image1, 2, 3, 4

Layout - HorizontalArrangement1, 2

Layout- VerticalArrangement1, 2

뭐가 필요한가
(준비물)

가위바위보 이미지 83-1.png, 83-2.png, 83-3.png

어떻게 만드니
(코딩 시작)

① Designer

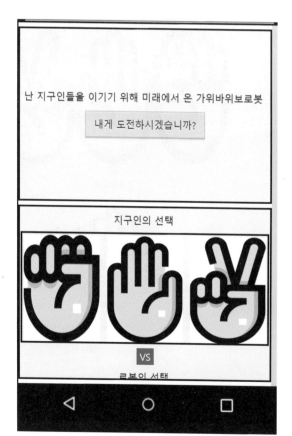

컴포넌트
스크린1
 └ 수직정렬레이아웃1(시작)
   └ 레이블1(인사말)
   └ 버튼1(도전)
 └ 수직정렬레이아웃2(대결)
   └ 레이블2(지구인의_선택)
   └ 수평정렬레이아웃1(RPS선택)
     └ 이미지1(바위)
     └ 이미지2(보)
     └ 이미지3(가위)
   └ 레이블3(vs)
   └ 레이블4(로봇의_선택)
   └ 이미지4(로봇선택결과)
   └ 수평정렬레이아웃2(구분선)
   └ 레이블5(결과)
   └ 레이블6(반응)
   └ 버튼2(다시하기)

속성 | 스크린1
상태바, 타이틀 보임 설정 해제

속성	수직정렬레이아웃1(시작)
수평, 수직 정렬 : 중앙
높이, 너비 설정 : Fill parent

속성	레이블1(인사말)
문구 설정 : 난 지구인들을 이기기 위해 미래에서 온 가위바위보 로봇

속성	버튼1(도전)
문구 설정 : 내게 도전하시겠습니까?
문구 정렬 : 중앙

속성	수직정렬레이아웃2(대결)
수평, 수직 정렬 : 중앙
높이, 너비 설정 : Fill parent

속성	레이블2(지구인의_선택)
문구 설정 : 지구인의 선택

속성	수평정렬레이아웃1(RPS선택)
높이 설정 : 30%

속성	이미지1(바위, 2(보), 3(가위)
클릭 가능 여부 : 활성화
높이, 너비 설정 : 30%
그림 설정 : 83-1.png, -2.png, -3.png
그림에 맞추기 여부 : 활성화

속성	레이블3(vs)
문구 설정 : vs   문구 정렬 : 중앙

속성	수직정렬레이아웃1(시작)
수평, 수직 정렬 : 중앙
높이, 너비 설정 : Fill parent

속성	레이블4(로봇의_선택)
문구 설정 : 로봇의 선택

속성	이미지4(로봇선택결과)
높이, 너비 설정 : 30%
그림에 맞추기 여부 : 활성화

속성	수평정렬레이아웃2(구분선)
배경 색상 설정 : 파랑
높이 1% 너비 80%

속성	레이블5(결과), 6(반응)
문구 설정 : 결과, 반응

속성	버튼2(다시하기)
문구 설정 : 다시하기
문구 정렬 : 중앙

② Blocks 코딩

```
initialize global 로봇 to  0
```
전역변수 로봇 의 초기값 설정 : 0

```
initialize global 인간 to  0
```
전역변수 인간 의 초기값 설정 : 0

```
when Screen1 .Initialize
do  set 시작 . Visible  to   true
    set 대결 . Visible  to   false
```

스크린1이 초기화되었을 때

　실행하기. 시작(수직정렬레이아웃1) 보임 여부 설정 : 참

　　　　　대결(수직정렬레이아웃2) 보임 여부 설정 : 거짓

*가위바위보를 이렇게 숫자화할 수 있습니다.

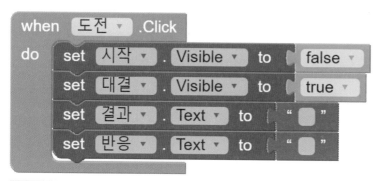

B＼A	가위	바위	보
가위	비김	A 승	A 패
바위	A 패	비김	A 승
보	A 승	A 패	비김

A-B	1	2	3
1	0	1	2
2	-1	0	1
3	-2	-1	0

▶ A 기준으로 A - B = 0이라면, 비김

　　　　　A - B = 1이거나 -2라면, 승리

　　　　　A - B = 2거나 -1이라면, 패배

```
when 도전 .Click
do  set 시작 . Visible to  false
    set 대결 . Visible to  true
    set 결과 . Text to  "  "
    set 반응 . Text to  "  "
```

도전(버튼1)을 클릭했을 때

　실행하기. 시작(수직정렬레이아웃1) 보임 여부 설정 : 거짓

　　　　　대결(수직정렬레이아웃2) 보임 여부 설정 : 참

　　　　　결과(레이블5) 문구 설정 :　　　　// 아직 대결 전이니까 빈칸으로

　　　　　반응(레이블6) 문구 설정 :　　　　// 반응 역시 빈칸으로 처리

```
when 다시하기 .Click
do  set 시작 . Visible to  true
    set 대결 . Visible to  false
    set 로봇선택결과 . Picture to  false
```

다시하기(버튼2)을 클릭했을 때

　실행하기. 시작(수직정렬레이아웃1) 보임 여부 설정 : 참

　　　　　대결(수직정렬레이아웃2) 보임 여부 설정 : 거짓

　　　　　로봇선택결과(이미지4) 그림 설정 : 거짓 // 이미지 안 보이게 처리

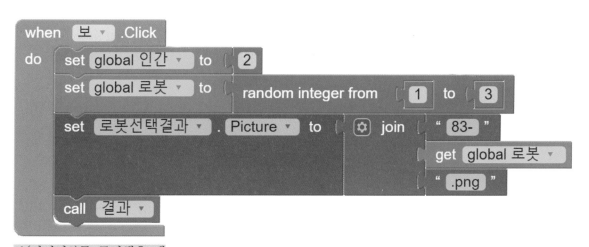

바위(이미지1)를 클릭했을 때

　　실행하기. 전역변수 인간 설정 : 1 // 바위는 1로 약속

　　　　전역변수 로봇 설정 : 1에서 3 사이의 무작위 정수값

　　　　로봇선택결과(이미지4) 그림 설정 : 조합 - 83-

　　　　　　　　　　　　　　　전역변수 로봇 값

　　　　　　　　　　　　　　　.png

　　　　함수 결과 호출하기

보(이미지2)를 클릭했을 때

　　실행하기. 전역변수 인간 설정 : 2 // 보자기는 2로 약속

　　　　전역변수 로봇 설정 : 1에서 3 사이의 무작위 정수값

　　　　로봇선택결과(이미지4) 그림 설정 : 조합 - 83-

　　　　　　　　　　　　　　　전역변수 로봇 값

　　　　　　　　　　　　　　　.png

　　　　함수 결과 호출하기

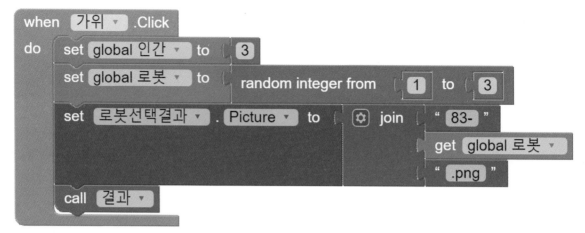

가위(이미지3)를 클릭했을 때

실행하기. 전역변수 인간 설정 : 3 // 바위는 1로 약속

전역변수 로봇 설정 : 1에서 3 사이의 무작위 정수값

로봇선택결과(이미지4) 그림 설정 : 조합 - 83-

전역변수 로봇 값

.png

함수 결과 호출하기

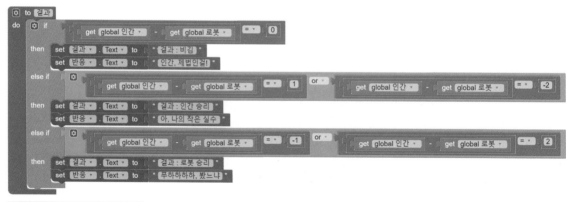

함수 : 결과를 실행하면

만약 전역변수 인간 값 - 전역변수 로봇 값 = 0이면

그러면 결과(레이블5) 문구 설정 : 결과 : 비김 // 같은 것을 내면 두 수의 차는 0이 됨

반응(레이블6) 문구 설정 : 인간, 제법인걸!

아니고 만약 전역변수 인간 값 - 전역변수 로봇 값 = 1 또는 -2면

그러면 결과(레이블5) 문구 설정 : 결과 : 인간 승리

반응(레이블6) 문구 설정 : 아, 나의 작은 실수

그것도 아니고 만약 전역변수 인간 값 - 전역변수 로봇 값 = -1 또는 2면

그러면 결과(레이블5) 문구 설정 : 결과 : 로봇 승리

반응(레이블6) 문구 설정 : 푸하하하하, 봤느냐

■ 그림은 여기에   https://bit.ly/100apps_image

SHARE

프로젝트에서 사용한 이미지

https://bit.ly/100apps_image

프로젝트에서 사용한 음원

https://bit.ly/100apps_sound

프로젝트에서 사용한 동영상

https://bit.ly/100apps_movie_clip

프로젝트 코딩블록

https://bit.ly/100apps_blocks

나도 100가지
안드로이드앱을
코딩할 수
있다

초판 1쇄 발행 2022. 10. 19.

지은이 박신기
펴낸이 김병호
펴낸곳 주식회사 바른북스

편집진행 박신기
디자인 박신기

등록 2019년 4월 3일 제2019-000040호
주소 서울시 성동구 연무장5길 9-16, 301호 (성수동2가, 블루스톤타워)
대표전화 070-7857-9719 | **경영지원** 02-3409-9719 | **팩스** 070-7610-9820

•바른북스는 여러분의 다양한 아이디어와 원고 투고를 설레는 마음으로 기다리고 있습니다.

이메일 barunbooks21@naver.com | **원고투고** barunbooks21@naver.com
홈페이지 www.barunbooks.com | **공식 블로그** blog.naver.com/barunbooks7
공식 포스트 post.naver.com/barunbooks7 | **페이스북** facebook.com/barunbooks7

ⓒ 박신기, 2022
ISBN 979-11-6545-895-9 03000

이 도서는 저자분께서 직접 교정 및 디자인한 독립출판물로 교정 및 디자인 진행 과정은 출판사에서 생략하였습니다.